Sylvio J. Godon

DIE NEUEN PFLICHTEN
für Freimaurer*innen

2021

Im Jahr der Weltkonferenz der Freimaurer
in der Bundesrepublik Deutschland
in der Überzeugung und in Anerkenntnis
ihrer dringlichen Notwendigkeit
vorgelegt und gewidmet
allen wahrhaften, ernsten und aufrechten
Freimaurerinnen und Freimaurern
von Bruder
Sylvio J. Godon

Sylvio J. Godon

DIE NEUEN PFLICHTEN
für Freimaurer*innen

Salier Verlag

ISBN 978-3-96285-044-9

1. Auflage 2021

Einbandgestaltung: Christine Friedrich-Leye, Leipzig
unter Verwendung des Motivs von Wladyslaw Szyszko:
«Loge im Weltall» (Bleistift, Buntstift), 2002,
Schnuckenhof/Allgäu
Gestaltung und Herstellung: Salier Verlag, Bosestr. 5, Leipzig

www.salierverlag.de

Allen Menschen
Allen Schwestern und Brüdern
Freimaurerinnen und Freimaurern

Allen Menschen,
die Freimaurer*innen
werden möchten

Meiner Mutter Marika,
der Freimaurerin ohne Schurz

«In diesen heil'gen Hallen,
Kennt man die Rache nicht. –
Und ist ein Mensch gefallen;
Führt Liebe ihn zur Pflicht.
Dann wandelt er an Freundeshand,
Vergnügt und froh ins bess're Land.

In diesen heiligen Mauern
Wo Mensch den Menschen liebt,
Kann kein Verräther lauern,
Weil man dem Feind vergiebt.
Wen solche Lehren nicht erfreu'n,
Verdienet nicht ein Mensch zu seyn.»

SPRECHER *steht auf*: «Er ist Prinz!» –
SARASTRO: «Noch mehr – Er ist Mensch!»

Emanuel Schikaneder
(aus: «Die Zauberflöte»)

Inhalt

«For there was always light.
If only we're brave enough to see it.
If only we're brave enough to be it.»

Amanda Gorman
(aus dem Gedicht «The Hill We Climb»)

I FÜR WEN ICH SPRECHE

Freimaurer*in zu werden oder zu sein, heißt: innere Freiheit bewahren, der Sehnsucht nach mehr Humanität folgen, Schwesterlichkeit oder Brüderlichkeit suchen, Gerechtigkeit verlangen, Vernunft walten lassen, Toleranz üben und Liebe mehren. Sich aus voller Kraft der Menschlichkeit und der Bewahrung der Schöpfung zu widmen, ist Selbstheiligung im besten altbiblischen Sinne, befreit vom klerikalen Habitus jedweder «religio» und Kirche.

Für mich, den Freimaurer und Autor, ist die Freimaurerei etwas Heiliges, weil ihre Kernanliegen die Ehrfurcht vor dem Wirken der Ewigen Gesetzmäßigkeiten im Universum, dem ursprünglich Menschlichen in uns allen und die Beschäftigung damit sind.

Dies muss jedoch nicht bedeuten, dass ein anderer Freimaurer oder eine Freimaurerin das ebenso sieht wie ich. Es gibt so viele Ansichten über und Sichtweisen auf die Freimauerei wie Schwestern und Brüder auf der Welt.

Aufklärerische wie esoterische Ansätze, Strömungen und Positionen existieren in der Freimaurerei von alters her bis in unsere Zeit. Mit gutem Recht. Denn sie alle spüren dem Wesen und den Symbolen der Freimaurerei nach und versuchen diese zu ergründen. Sie sollten jedoch in der Zukunft gleichberechtigt fortbestehen dürfen und in der Freimaurerei nicht mehr zu Auseinandersetzungen oder Spaltungen führen. Dies ist in der Vergangenheit geschehen und kommt bis heute vor, zum Schaden und zum Leidwesen der Königlichen Kunst, um einen alten, aber immer noch trefflichen Ausdruck dafür zu gebrauchen, was Freimaurerei ist: die Liebe zum Menschen in ihrer reinen Form.

Dieses Buch will Impuls sein. Nicht Streitschrift. Ich spreche in niemandes Auftrag, weder einer Großloge, einer Loge noch einer Schwester oder eines anderen Bruders. Ich spreche für mich als Freimaurer allein, der Erkanntes mit Schwestern und Brüdern teilen und einen diskursiven Beitrag zur Einigung, Neustrukturierung und Profilschärfung der weltweiten Freimaurerei leisten möchte. Einheit in der Vielfalt, Vielfalt in der Einheit!

Für wen ich spreche

Die NEUEN PFLICHTEN habe ich geschrieben, weil ich glaube, dass es an der Zeit ist, den Blick der MENSCHEN; der Schwestern und Brüder, auf den Kern der Königlichen Kunst zu lenken.

Sylvio J. Godon

«Wir bluten alle die gleiche Farbe.»

Lisa Myers
(Pseudonym einer Krankenschwester aus Dallas)

II PROLOG

Freimaurerei ist für MENSCHEN da. Nicht für MÄNNER oder FRAUEN allein. In allen Ländern der Welt und ohne Vorrechte für ein bestimmtes Land. Sie stellt sich ihrer Aufgabe, eine

LEBENSSCHULE der MENSCHHEIT

zu sein. Es ist jetzt an der Zeit, dass die in der Welt bestehenden freimaurerischen Organisationen unter Beibehaltung ihrer Vielfalt die Fesseln ihrer Historien und ihrer Strukturen zu lösen beginnen und sich auf das ihnen innewohnende Wesentliche besinnen, auf den gemeinsamen Kern ihrer Lehren: auf das Bewahren und Retten der Erde als ein Bestandteil der Schöpfung, auf das Einhalten und Verteidigen der Menschenrechte und auf das Ausüben der Menschenpflichten.

So nimmt die Freimaurerei die Herausforderungen unseres von großem und schnellem Wandel geprägten, digitalen Zeitalters an und wird zeitgemäß.

Die Weltkonferenz der Freimaurer als höchste Instanz muss dazu die alleinige Exekutive, Legislative und

Judikative in Fragen der Freimaurerei und in Fragen der Regularität in allen Ländern der Erde innehaben, in denen Freimaurerei ausgeübt wird.

Die Weltkonferenz soll diese Rolle übernehmen in Ehrfurcht, in Respekt und in Demut vor den Motiven der Gründer der Freimaurerei, ihrer weit mehr als 300-jährigen Geschichte und vor dem Regelwerk, das am Beginn ihres weltweiten und segensreichen Wirkens steht, den ALTEN PFLICHTEN, die als Erinnerung an die Gründung der Freimaurerei auch weiterhin von Bedeutung sein und Bestand haben werden, jedoch den Erfordernissen unserer heutigen Zeit nicht mehr genügen und Antworten auf die aktuellen Problemstellungen der Erde und der Menschheit im notwendigen Maße nicht mehr geben können.

Ihrem Wesen, ihrem Denken und ihren Sittengesetzen nach ist Freimaurerei, wenn auch anfangs in der Hauptsache von Männern betrieben, nie nur Männerangelegenheit gewesen.

Ihr Anliegen war und ist es, den MENSCHEN, nicht Frauen oder Männer allein, aus geistiger und politischer Knechtschaft zu befreien und darüber aufzuklären, dass alle Menschen Schwestern und Brüder sind und als solche in Freiheit gleichberechtigt existieren und miteinander leben können.

Angesichts

- der Klima- und Migrationskrisen auf der Erde,
- möglich gewordener Eingriffe per Genschere (Crispr/Cas) in die menschliche Keimbahn,
- sich rasch selbst beschleunigender Fortentwicklung künstlicher Intelligenz in Form immer ausgereifterer, selbst lernender und durch menschlichen Verstand kaum mehr zu beherrschender Algorithmen,
- sich häufender Seuchen wie der aktuellen durch den überall auf der Erde grassierenden Virus, der die Krankheit COVID 19 auslöst,
- der Erfahrungen aus den Diktaturen und den Weltkriegen des 20. Jahrhundert und neuem Hegemonialstreben von Machtblöcken,
- der Erfahrungen aus dem Holocaust,
- der Terroranschläge, der weltweit sich neu bildenden religös-fanatischen und populistischen Terrorregimes zu Beginn des 21. Jahrhunderts

muss es heute das erste Anliegen der Freimaurerei werden, die

MENSCHHEIT

davor zu bewahren, in neue und moderne, noch nicht bekannte Formen von gnadenloser, nicht nur nationalistischer Knechtschaft zu geraten, die resultieren können aus

- fortschreitender Erderwärmung,
- fortschreitendem Raubbau an der Natur,
- zügelloser Ressourcenverschwendung,
- bedenkenloser Fortentwicklung digitaler Technologien,
- noch nicht überwundenem Rassenhass,
- weltweit fortgeführten Religionskriegen
- und nicht verwirklichter Gleichberechtigung unter den Geschlechtern.

Der weltweiten Freimaurerei kann das gelingen, indem sie die Inhalte der *Rechte der Erde*, der *Menschenrechte* und der *Menschenpflichten* zu ihren Leitgedanken erklärt, sie als Leitlinien ihres Wirkens anerkennt und sie als Grundlage ihrer Konstitution, der NEUEN PFLICHTEN, festschreibt.

Bereits in den ersten Statuten und Schriften der Freimaurerei sowie in vielen darauf bis ins heutige Jahrhundert folgenden literarischen Werken bekannter und weniger bekannter Autoren sind die Ehrfurcht vor der

Schöpfung, die Würde, Freiheit und Gleichheit aller MENSCHEN, nicht die der Brüder oder Schwestern allein, zentrale Aussagen gewesen und im selben Atemzug Ermahnungen an Menschen, die Mitglied in einer Freimaurerloge werden wollten.
Freimaurerei hat immer schon den

MENSCHEN

im Sinn und den

MENSCHHEITSBUND

zum Ziel. Und so verhält es sich bis heute.

Männerlogen, Frauenlogen und gemischte Logen sind bereits zu Beginn der sich in Kontinentaleuropa ausbreitenden Freimaurerei und in den Jahrhunderten danach immer wieder entstanden.

Auch in der Welt des 3. Jahrtausends gibt es tätige Großlogen, die in der Freimaurerei einen MENSCHHEITSBUND sehen, die in ihren Ländern Frauenlogen, Männerlogen und gemischte Logen patentieren, sie mit gegenseitigem Besuchsrecht ausstatten und so deren friedvolle Koexistenz fördern.

Sie sind zu Unrecht nicht anerkannt, da die Voraussetzungen für ihre Anerkennung auf den ALTEN PFLICHTEN und alten Vorrechten fußen, die nicht mehr zeitgemäß sind, und für alle Freimaurer*Innen allgemein gültige Rechte und Pflichten bislang weder aufgestellt, noch von der Weltkonferenz der Freimaurerei verbindlich angenommen wurden.

So steht die heutige weltweite Freimaurerei sich selbst im Wege, im Sinne ihres ursprünglichen Wesens eine die Schöpfung bewahrende und die Menschheit in Freiheit, Gleichberechtigung, Frieden, Gerechtigkeit und Vernunft einende Kraft zu werden. Es ist an der Zeit für die

NEUEN PFLICHTEN
für FREIMAUERER*INNEN.

«Die Ethik befasst sich mit höherer Moralität, also zunächst mit demjenigen, was wir Menschen als solchen schulden und was wir angesichts der Tatsache, dass wir alle Menschen sind, tun bzw. unterlassen sollten. Dabei bezieht sie andere Lebewesen sowie unser aller geteiltes Habitat, den Planeten Erde mit in Betracht. Wir haben anderen Lebewesen ebenso wie unserem Planeten (der Umwelt) gegenüber moralische Verpflichtungen, ob uns das passt oder nicht. Verletzen wir diese moralischen Verpflichtungen, hat dies auf Dauer negative Konsequenzen, die zunächst für einige Menschen und Lebewesen und irgendwann dann für alle spürbar werden.»

Markus Gabriel
(aus: «Moralischer Fortschritt in dunklen Zeiten. Universale Werte für das 21. Jahrhundert»)

III IM 3. JAHRTAUSEND

Die Erde ist in Gefahr. Der Mensch auch.

Klimawandel, Verschmutzung der Weltmeere, Abholzen der Urwälder, Vermüllen des Orbits und Pandemien bringen die Erde aus ihrem Gleichgewicht und zerstören die Lebensgrundlagen der Menschen.

Das Primat der Wirtschaftlichkeit um jeden Preis, das ungebremste Immer-mehr in der Produktion, das Immer-schneller im Verbrauch, das zügellose Immer-weiter im Verschwenden der Ressourcen und das Denken in diesen Kategorien enden.

An seine Stelle treten das Primat der Verantwortung für die Erde und für ihren Erhalt für alle Menschen sowie das Denken in den Kategorien der Nachhaltigkeit für Erde und Mensch.

Die Menschheit hat in der Schöpfung einen gemeinsamen Ursprung und in ihrem Erhalt eine gemeinsame Bestimmung.

Der Freimaurerei kommt eine Schlüsselrolle dabei zu, die Menschheit um ihrer selbst willen in dieser Hinsicht zu einen und einen neuen Weg in eine friedliche, dem Planeten und den Menschen auf ihm zuträgliche Zukunft zu führen.

«Wir sind buchstäblich Stoff der Sterne; die Materie, aus der wir bestehen, wurde im Kern eines explodierenden Sterns hergestellt, aus dem sich dann Planeten wie die Erde bildeten, aus dem dann das Material allen Lebens auf der Erde wurde, einschließlich Ihrer und meiner Person.»

«Die Betrachtung des Himmels und des Universums jenseits davon lehrt uns Demut. Der Raum und die Zeit des Kosmos haben riesige Größenmaßstäbe. Es gibt mehr als eine Milliarde Billionen sonnenähnliche Sterne in der beobachtbaren Ausdehnung des Universums, und diejenigen von uns, die am meisten Glück haben, leben nur ein Prozent eines Millionstels der Lebensdauer der Sonne.»

Avi Loeb
(aus: «Außerirdisch»)

Anm. d. Autors: Laut Avi Loeb ist unsere Sonne 4,6 Milliarden Jahre alt und besitzt noch eine Lebensdauer von 7 Milliarden Jahren

IV RECHTE DER ERDE, MENSCHENRECHTE MENSCHENPFLICHTEN

Wir Menschen leben wie selbstverständlich auf der Erde, von ihr und mit ihr. Tun wir das wirklich? Leben wir ernsthaft MIT IHR? Ist es 2021 nicht vielmehr so, dass wir täglich GEGEN SIE ANLEBEN? Die Erde hat Rechte wie wir, jedoch keine Pflichten wie wir Menschen. Denn sie ist unser aller Lebensgrundlage, der wir Achtsamkeit, Fürsorge und Pflege schulden. Letztlich ihren Erhalt um unserer Fortexistenz als Menschen Willen. Jedoch werden wir dieser Bringschuld ihr gegenüber nicht mehr gewahr und nicht mehr gerecht.

Im Gegenteil: Bewusst und unbewusst tolerieren wir es, dass ihre ohne Zweifel großen Kräfte, sich selbst zu regenerieren, Tag um Tag schwinden, weil wir nicht bereit sind, unser Miteinander und unsere Lebensstile auf ihr zu reorganisieren. So neu zu ordnen, dass unsere Existenz auf ihr ihrem Corpus nicht schadet, sondern ihn bewahrt. Weil uns das bisher nicht in dem notwendigen Maß gelingt, gibt uns die Erde gerade überdeutlich Zeichen, dass wir ihr zu viel zumuten. Die Zeichen dafür in Form immer häufigerer Klima- und Umweltkrisen in allen Ländern und in Form neuer, unbekannter, immer schwerer zu meisternder Seuchen, die unverhofft überall auftreten können, mehren sich.

Dabei gibt es Regelwerke, die es uns als Menschen ermöglichen, unsere Beziehung zur Erde UND unter uns selbst so zu reorganisieren, dass eine dauerhafte friedfertige Koexistenz auf ihr und mit ihr in der Zukunft realisiert werden kann: Den *Vorschlag für eine Allgemeine Erklärung der Rechte der Mutter Erde* (2010) der Organisation «Rights of Mother Earth» (RoME), die *Allgemeine Erklärung der Menschrechte* (1948) der Vereinten Nationen und die *Allgemeine Erklärung der Menschenpflichten*, vorgelegt vom InterAction Council im Jahr 1997.

Bisher hat, soweit mir bekannt, es niemand gewagt, alle drei Schriften zusammenzudenken. Die Freimaurerei als Lebensschule der Menschheit ist dazu in der Lage. Es obliegt der Weltkonferenz der Freimaurer*innen, diese drei Erklärungen als Grundlagen ihrer künftigen Arbeitsweise anzuerkennen und festzulegen und damit die Voraussetzungen für die

Neuen Pflichten zu schaffen und für ein harmonischeres Miteinander zwischen Mensch und Erde und den Menschen für die Zukunft zu setzen.

Im Folgenden jeweils die ersten Artikel der drei Erklärungen *(den vollen Wortlaut der Regelwerke finden Leser*innen im Kapitel VIII Quellentexte)*:

Rechte der Erde

«Die Mutter Erde ist ein lebendes Wesen.»

«Die Rechte eines jeden Wesens sind begrenzt durch die Rechte anderer Wesen und jeder Konflikt zwischen ihren Rechten muss so gelöst werden, dass die Integrität, das Gleichgewicht und die Gesundheit der Mutter Erde erhalten bleibt.»

Vorschlag für eine Allgemeine Erklärung der Rechte der Mutter Erde, From World People's Conference on Climate Change and the Rights of Mother Earth, Cochabamba, Bolivia, 22 April, Earth Day 2010, Artikel 7.
www.rightsofmotherearth.com

Menschenrechte

«Alle Menschen sind frei und gleich an Würde und Rechten geboren. Sie sind mit Vernunft und Gewissen begabt und sollen einander im Geist der Brüderlichkeit begegnen.»

Vereinte Nationen, Resolution der Generalversammlung A/RES/217 (III). Allgemeine Erklärung der Menschenrechte vom 10. Dezember 1948, Artikel 1 von insgesamt 30 Artikeln.
www.un.org/depts/german/menschenrechte/aemr.pdf

Menschenpflichten

«Jede Person, gleich welchen Geschlechts, welcher ethnischen Herkunft, welchen sozialen Status, welcher politischer Überzeugung, welcher Sprache, welchen Alters, welcher Nationalität oder Religion, hat die Pflicht, alle Menschen menschlich zu behandeln.»

«Jede Person ist unendlich kostbar und muss unbedingt geschützt werden. Schutz verlangen auch die Tiere und die natürliche Umwelt. Alle Menschen haben die Pflicht, Luft, Wasser und Boden um der gegenwärtigen Bewohner und der zukünftiger Generationen willen zu schützen.»

InterAction Council, Allgemeine Erklärung der Menschenpflichten, 1997, Artikel 1 und 7 von 19 Artikeln. www.interactioncouncil.org/sites/default/files/de_udhr%20ltr.pdf

V DIE NEUEN PFLICHTEN

Von der Erde

Es existiert nur eine Erde. Eine Menschheit. Eine Natur. Eine Chance. In der Schöpfung. Es gibt sie kein zweites Mal. Als Menschen sind alle Menschen einander und ihrer Lebensgrundlage, der Erde, verbunden. Erde und Menschen haben unveräußerliche Rechte, letztere zusätzlich Pflichten: die *Rechte der Erde*, die *Menschenrechte* und die *Menschenpflichten.*

Freimaurerei will, dass die Menschheit in Freiheit, Selbstbestimmung und Frieden endlich beginnt, dies zu erkennen, danach zu handeln und die Erde und sich selbst zu bewahren.

«Die Zivilisation wie wir sie kennen, wird nicht überleben, es sei denn, die Welt nimmt diese Herausforderung an und erhebt das Brüderliche zu ihrem Lebenskonzept.»

Harry Ostrov
(1962/63 Großmeister der Großloge von New York und Planer des Masonic Brotherhood Center zur Weltausstellung 1945–1965)

«Es gibt heute 7,8 Milliarden Menschen auf der Welt. Sie sprechen unterschiedliche Sprachen, leben unterschiedliche Leben in unterschiedlichen Ländern mit unterschiedlichen Kulturen, glauben an unterschiedliche Götter und manchmal an gar keinen. In einem aber, das belegen Studien, sind sich die Angehörigen fast aller Kulturen einig, nämlich darin, was ein guter Mensch ist.
Gut ist, wer einem anderen hilft. Wer das Leben des anderen höher schätzt als den eigenen Nutzen, die eigene Sattheit, die eigene Bequemlichkeit, zumindest für einen Moment. Gut ist ein Mensch der selbstlos handelt.»

Wolfgang Uchatius
(aus: «Wie gut ist der Mensch?»,
in: DIE ZEIT vom 23.12.2020)

Von der Freimaurerei

Freimaurerei ist eine weltweit wirkende und wirksame Lebensschule für alle Menschen. Sie nimmt den *Vorschlag für eine Allgemeine Erklärung der Rechte der Mutter Erde* der Weltkonferenz zum Klimawandel aus dem Jahr 2010, die *Allgemeine Erklärung der Menschenrechte* der Generalversammlung der Vereinten Nationen aus dem Jahr 1948 und die *Allgemeine Erklärung der Menschenpflichten* des InterAction Council aus dem Jahr 1997 als Grundlagen ihrer geistigen, sittlichen und moralischen Arbeitsweise an.

Für Funktionsträger*innen und Repräsentant*innen der Freimaurerei sowie für jeden Menschen, der Freimaurer*in wird, sind sie an Eides statt verpflichtend. Jetzt und in Zukunft. Als Lebensschule lehrt Freimaurerei Menschen, sich für die *Rechte der Erde*, die *Rechte und Pflichten der Menschen* und das Menschsein in Würde aller Menschen einzusetzen.

Freimaurerei arbeitet geistig, rituell und tätig an der Überwindung der Gegensätze unter den Menschen in der Hoffnung auf eine dem Menschen würdigere und gerechtere Welt.

Sie tut dies in der festen Überzeugung, dass ein besseres Verständnis der Menschen für- und untereinander kriegerischen und die Umwelt zerstörenden Handlungen vorbeugt. So will sie das friedliche Miteinander der Menschen auf der Welt, das Überleben der Natur und die Fortexistenz der Erde fördern.

Ziel der Freimaurerei als LEBENSSCHULE ist es, Menschen, die Freimaurer*innen geworden sind, zu einem wahren und aufrechten Menschsein in Freiheit, Gleichheit, Schwesterlichkeit*Brüderlichkeit, in Liebe, Toleranz sowie in gegenseitiger Achtsamkeit und Verantwortung füreinander zu führen und sie darin zu bestärken, so zu denken, zu fühlen, zu leben und zu handeln.

Dazu gehört es, dass Freimaurerei mittels ihrer Großlogen und wohltätigen Einrichtungen, wie immer schon in ihrer Geschichte, künftig jedoch auch in noch größeren Zusammenhängen und Maßstäben die Not auf der Welt lindert und Hilfe leistet, wo immer ihr das notwendig erscheint und wann immer sie dazu in der Lage sein wird.

Dazu gehört es aber auch, dass Freimaurerei, beispielsweise auf dem Wege ihrer Weltkonferenzen, den

Willen und die Fähigkeit entwickelt, Verstöße gegen die *Rechte der Erde*, Verstöße gegen die *Menschenrechte* oder Verstöße gegen die *Menschenpflichten* als solche zu registrieren, zu benennen und sich zu ihnen zu positionieren.

«Wenn der Mensch dem Menschen ein Freund ist, wird die Welt von ihrem Leid geheilt, das war die große Hintergrunderzählung aller Kulturen zu allen Zeiten. Während im Vordergrund das Blut floss.»

Wolfgang Uchatius
(aus: «Wie gut ist der Mensch?», in: DIE ZEIT vom 23.12.2020)

Von Menschen und Freimaurerei

Freimaurerei ist für MENSCHEN da. Sie richtet sich an sie und nicht an Geschlechter. Frauen und Männer sind Ausformungen ein und desselben Menschenwesens und von Natur aus frei und absolut gleichberechtigt mit allen Menschenrechten und -pflichten unabhängig von ihrer Herkunft, Hautfarbe, Religion, Alter, sexuellen Orientierung und ihrem Status.

Als Menschen anerkennen sie die *Rechte der Erde*, ihrer Lebensgrundlage, die *Menschenrechte* und die *Menschenpflichten*, die ihr Zusammenleben regeln, und achten auf deren Einhaltung. Als Menschen in der Freimaurerei sind sie Schwestern und Brüder, was, freimaurerisch betrachtet, dasselbe ist.

Frauen und Männer sind, unabhängig von ihrem biologischen und sozialen Geschlecht oder einem dritten, vierten oder weiteren Geschlecht, dem sie sich jetzt oder in Zukunft zuordnen mögen, und unabhängig von ihrer sexuellen Orientierung auch in der Freimaurerei Menschen absolut gleicher Rechte und Pflichten.

Sie haben deshalb uneingeschränkten Zugang zur Freimaurerei, zu allen Zeiten und in allen Ländern der

Erde, die frei sind und in denen Freimaurerei gelebt werden und wachsen darf.

Die derzeit hinsichtlich des Geschlechts eines Menschen gültigen schriftlichen Festsetzungen in freimaurerischen Organisationen und Einrichtungen werden auf immer aus Konstitutionen, Satzungen, Hausgesetzen oder anderen bestehenden freimaurerischen Regelwerken und Regularien entfernt und durch Formulierungen ersetzt, die der Tatsache gerecht werden, dass Freimaurerei sich an Frauen und Männer, an MENSCHEN, wendet.

«Wir haben es heute also nicht nur mit einer uns intellektuell überlegenen KI zu tun, sie denkt auch noch in völlig anderen Bahnen als wir.»

«Ein paar Algorithmen könnten womöglich zu der Erkenntnis kommen, dass wir austauschbar sind – und dass unsere Gesellschaft nicht unbedingt auf den Menschenrechten fußen muss.»

Kazuo Ishiguro
(aus: «Wir sollten schnell aufwachen», in «Stern» Nr. 11/2021 vom 11.3.2021)

Von der Aufklärung

Sapere aude! Habe Mut, Dich Deines eigenen Verstandes zu bedienen! Wage es, weise zu sein. Der Leitspruch der Aufklärung ist auch der des angebrochenen dritten Jahrtausends, in dem in der Physik, in der Informationstechnik und in den Biowissenschaften Erkenntnisse erlangt und Technologien entwickelt werden, die dazu geeignet sind, den Menschen als souveränes Wesen abzuschaffen und ihn auf Dauer der Dominanz programmierter Maschinen und der Steuerung durch sie zu unterwerfen.

Freimaurer*innen werden es niemals dulden, dass Menschen von künstlicher Intelligenz oder Maschinen, die dazu programmiert wurden, kontrolliert, beherrscht und gelenkt werden. Allen aus digitalen Technologien und den Biowissenschaften resultierenden Bestrebungen, die dazu geeignet sind, den Menschen dem ausschließlichen Diktat von Maschinen zu unterwerfen und allen Versuchen, Mischformen aus Mensch und Maschine zu kreieren oder zuzulassen, treten sie aus diesem Grund entschieden entgegen.

Sie verwehren sich nicht gegen moderne wissenschaftliche Methoden wie den Einsatz von Genscheren («Crispr/Cas»), die schwere Krankheiten von Menschen lindern oder heilen können. Versuchen jedoch, Menschen durch Eingriffe in die Keimbahn des Menschen zu «optimieren» mit allen zu erwartenden unwägbaren Folgen für das menschliche Miteinander, erteilen sie eine klare Absage.

Freimaurer*innen setzen sich ein für die uneingeschränkte Souveränität des Menschen gegenüber seinen wissenschaftlichen Errungenschaften, wie sehr und so viel sie auch in Zukunft menschliches Denken, Fühlen und Arbeiten ersetzen mögen.

Der Mensch entscheidet über die Technologie, ihre Verwendung und ihren Einsatz, nicht die Technologie über den Menschen, seine Verwendung und seinen Einsatz. Freimaurerei ist eine zutiefst menschliche Angelegenheit und das soll und wird sie auch bleiben, wenn die Schwestern und Brüder ein Auge darauf haben und daran arbeiten.

«Wie, wenn es die Freimaurer wären, die sich mit zu ihrem Geschäfte gemacht hätten, jene Trennungen, wodurch die Menschen einander so fremd werden, so eng als möglich wieder zusammenzuziehen?»

Gotthold Ephraim Lessing
(aus: «Ernst und Falk – Gespräche für Freimaurer»)

«So denke ich auch. – Die Staaten vereinigen die Menschen, damit durch diese und in dieser Vereinigung jeder einzelne Mensch seinen Teil von Glückseligkeit desto besser und sicherer genießen könne. – Das Totale der einzelnen Glückseligkeiten aller Glieder ist die Glückseligkeit des Staats. Außer dieser gibt es gar keine. Jede andere Glückseligkeit des Staats, bei welcher auch noch so wenig einzelne Gleider leiden müssen, ist Bemäntelung der Tyrannei. Anders nichts!»

Gotthold Ephraim Lessing
(aus: «Ernst und Falk – Gespräche für Freimaurer»)

Vom Staat

In Diktaturen, Terrorregimen und Monarchien dort, wo es sie in Reinform und real existierend noch gibt, werden die *Rechte der Erde, Menschenrechte und -pflichten* nicht anerkannt. Daher sehen sich Freimaurer*innen in höchstem Maß denjenigen Staatsformen verpflichtet, in denen diese Rechte und Pflichten die besten Chancen auf dauerhafte Anerkennung und Umsetzung haben und Gewaltenteilung existiert, den demokratischen. Sie setzen sich unabhängig von den in einer Demokratie oder einer demokratischen Staatsform herrschenden politischen Mehrheiten für die Weiterentwicklung und Fortexistenz derselben ein und sind in ihr immer dem Staat treu dienende, ihn unterstützende und tätige Bürger*innen.

Dezidiert widersetzen sich Freimaurer*innen im Staat jeglicher auf dem Wege der Politik, im öffentlichen Diskurs, in digitalen oder Print-Medien oder mittels Gewalt ausgeübter Tyrannei sowie allen Bestrebungen, die darauf abzielen, Menschen ihrer Würde, ihrer Freiheit und Unabhängigkeit zu berauben.

Auf der Grundlage ihrer Jahrhunderte alten, freiheitlich-humanistischen Tradition, mit Blick auf die Lehren aus dem 20. Jahrhundert und in Anbetracht des Erstarkens populistischer und identitärer Bewegungen weltweit wirken Freimaurer*innen jeglicher Entwicklung, die Fremdenfeindlichkeit, Rassismus, Ethnizismus oder Antisemitismus fördert, entgegen.

Als LEBENSSCHULE und BEWEGUNG richtet sich Freimaurerei an jeden Menschen. Sie wirkt im Staat nach innen und nach außen über seine Grenzen hinaus integrativ zwischen Menschen, Geschlechtern, Ethnien, Religionen, Weltanschauungen, Ländern und zwischen dem Menschen und seiner Umwelt. Freimaurerei wirkt integrativ auf das Individuum, weil ihr Zweck es ist, dass das Individuum sich selbst erkennt und sich in sich selbst integriert.

Sie wirkt integrativ in ihren Großlogen und Logen, weil sie von ihren Mitgliedern erwartet, dass diese einander in geschwisterlicher Art begegnen und sich harmonisch in die freimaurerische Gemeinschaft integrieren. Und sie wirkt in Staat und Gesellschaft integrativ, indem sie ihre Prinzipien lehrt und die vorgenannten Erwartungen an ihre Mitglieder hegt.

So leistet Freimaurerei ihren konstruktiven Beitrag zum Gelingen eines demokratisch verfassten, multilateralen und multikulturellen Staatswesens.

«Dies ist, wie wir sehen, zum Beispiel dem Licht der Religion zugestoßen. Zuerst wurde nämlich von Gott her durch das Gesetz und die uns von Geburt an innewohnenden Begriffe der Lichtschein der Gotteserkenntnis empfangen. Durch unterschiedliche Überlieferungen wurde dieser Lichtschein auf verschiedene Weisen über das Menschengeschlecht verbreitet und endete schließlich im Schatten, nicht bloß im Heidentum, sondern auch inmitten der Kirche. Man hatte nämlich die Quelle des Lichtes, das Gesetz, vernachlässigt, so dass die verschiedenen Gruppen einander nur noch ihr zerstreutes Licht entgegen hielten, das sie aus den Überlieferungen empfangen hatten. So kam es, dass sie sich mehr und mehr vom hellen Licht entfernten.»

Jan Amos Comenius
(aus: «Via Lucis», Amsterdam, 1668)

«Die Verantwortung jedes Einzelnen
für die ganze Menschheit
betrachte ich als universelle Religion.»

Dalai Lama
(bei einer Konferenz über Ethik
und Gesellschaft in Paris, 2009)

Von der Religion

Religionen sind von Grund auf gut. Das liegt in ihrer Natur. Sie geben dem Menschen in seiner irdischen Existenz seit Beginn der Zeiten den Begriff vom Überirdischen und füllen diesen mit einem von der jeweiligen Kultur abhängigen Sinn. Vor allem aber stellen sie eine spirituelle Verbindung her zwischen uns und dem Unvorstellbaren, dem Unbegreiflichen und dem Ewigen. Wir nennen sie den Glauben.

Jede Religion tut das von Anfang an auf ihre Weise vermittels von Stiftern, Menschen und Gottgesandten, und darin liegt die große Schwierigkeit. Die Unterschiede in der Betrachtung des Übersinnlichen, die von Menschen gemacht und tradiert wurden und werden, führen nicht etwa zur gegenseitigen Toleranz unter den Religionen, sondern zu Intoleranz und Rivalität unter ihnen. Missionierung, Hass, Fanatismus und Kriege unter Menschen verschiedener Religionszugehörigkeit sind über Jahrhunderte die bekannten Folgen.

Insbesondere die Repräsentanten und Verwalter der Religionen und Glaubensgemeinschaften tragen die Verantwortung dafür, nicht die Religionen per se oder

Gläubigen selbst. Wer glaubt, tut das aus sich selbst heraus und für sich selbst, aus Gründen der Sinngebung, der Spiritualität und Erbauung seiner selbst, nicht von vorneherein mit dem Ziel oder der Absicht Andere in seinem Sinn glauben machen zu müssen oder zu sollen. Missionierung ist ein Konstrukt, das sich Religionen und Glaubensgemeinschaften haben einfallen lassen aus Gründen des Selbsterhalts, zur Unterdrückung ihrer Gläubigen und zur Unterdrückung der Gläubigen anderer Religionen.

So befremdlich es vielleicht klingen mag, Religionen und Glaubensgemeinschaften sind nicht geeignet, das Menschliche, das Heilige, das heilige Band zwischen uns allen auf der Erde und dem Allumfassenden zu stärken. Sie greifen zu kurz und bringen die Toleranz nicht auf, die dazu notwendig wäre. Jede will auf ihre Weise den Menschen glückselig machen und das in einer Intensität, in der sie die jeweils andere Religion und Religiosität und damit auch den Menschen anderer Religion und Religiosität verwirft und ausschließt.

Die humanitäre Freimaurerei als Lebensschule, die selbst keine Religion ist, tut das nicht. Ganz bewusst gesteht sie jedem Menschen eine eigene Beziehung zu einem höheren Prinzip, zum Allumfassenden zu, ohne eine der existierenden Glaubensvorstellungen oder Sichtweisen auf das Unerklärliche zu bevorzugen.

Sie fordert Ehrfurcht vor dem Ewigen und fundamentale Toleranz ein, wenn sie bereits in den «Alten Pflichten», der Konstitution der Freimaurer aus dem Jahr 1723 sagt: *«Der Maurer ist als Maurer verpflichtet, dem Sittengesetz zu gehorchen; und wenn er die Kunst recht versteht, wird er weder ein engstirniger Gottesleugner, noch ein bindungsloser Freigeist sein (...) In alten Zeiten waren die Maurer in jedem Lande zwar verpflichtet, der Religion anzugehören, die in ihrem Lande oder Volke galt, heute jedoch hält man es für ratsamer, sie nur zu der Religion zu verpflichten, in der alle Menschen übereinstimmen, und jedem seine besonderen Überzeugungen selbst zu belassen.»*

Für die *«Religion, in der alle Menschen übereinstimmen ...»*, mit der sie nicht sich selbst meint, hat die Freimaurerei ein sprachliches Bild geschaffen, den «Allmächtigen Baumeister aller Welten». Darin haben aus ihrer Sicht die unterschiedlichsten Gottes- und Jenseitsvorstellungen der Religionen und Menschen auf der Erde Platz. Überall auf der Welt wurde und wird schließlich gebaut, und so ist das Bild eines Baumeisters vielleicht nicht das Schlechteste, um religiöse Toleranz einerseits und Bindung an ein höheres Prinzip andererseits zu symbolisieren.

Aus meiner, der freimaurerischen Sicht ist jeder Mensch, auch ein Atheist, religiös. Ich schließe mich da voll und ganz Pater Rupert Lay an, der in seinem Buch «Nachkirchliches Christentum» schreibt: «Religiös ist ein Mensch, der etwas als real gegeben annimmt, das größer ist als er selbst.»

Niemand, selbst der genialste, intelligenteste, nüchternste, nihilistischste und atheistischste Mensch, kann ernsthaft annehmen, dass es außerhalb seiner selbst nicht so etwas gibt wie ewige Gesetzmäßigkeiten, die die uns bekannte Welt in einer Ordnung und Harmonie halten, die unsere Existenz erst ermöglichen. Das im All beständig wirkende Chaos gebiert immer wieder Ordnung, und es stellt sich die Frage, ob es das aus sich selbst heraus tut oder ob es etwas gibt, das es dazu veranlasst. Selbst wenn das Chaos aus sich selbst heraus wirkte, verbliebe die Frage, was das ist, das da wirkt? Und wer oder was das Wirkende wirken macht?

Ziel menschlicher Religiosität unabhängig von ihrer Herkunft und Ausprägung ist es, sich an das Heilige, das ursprünglich Menschliche, das aus dem Allumfassenden kommt, zu erinnern, es in sich selbst und anderen zu entdecken, zu erkennen, zu lieben und zu tolerieren, unabhängig von der Religion, der ein Mensch angehört. Das Allumfassende, das Göttliche ist dabei von vornherein weder männlich noch weiblich noch divers. In allen Kulturen gibt es männliche UND weibliche sowie aus Geschlechtern kombinierte Gottesvorstellungen oder solche, die ohne die Zuordnung eines Geschlechts auskommen.

Lebenserfahrungen und das Suchen und Erforschen alter Denker und Weisheitslehrer können dabei helfen, dieses Erinnerungsvermögen zu entdecken, in Gang zu setzen und zu mobilisieren. Dazu bedarf es einer Änderung der Gesinnung, die Pater Lay in die schönen Worte fasst: «Geändert werden muss vor allem jedes Festklammern eines Menschen an sich selbst, das ihn letztlich unfähig macht, wirklich sich und die Menschen – und in sich und ihnen das Göttliche – zu lieben.“

Verstehen wir diese in enger Anlehnung an die Botschaft Johannes des Täufers und Jesu («Ändert Eure Gesinnung», «metanoiete») formulierte Einsicht auf eine allgemein menschliche, vom Evangelium losgelöste Weise, nähern wir uns der freimaurerischen Auffassung von Selbstlosigkeit und religiöser Toleranz.

Es geht der Freimaurerei als LEBENSSCHULE nicht darum, dass der Einzelne Freimaurerei zur Religion machen soll, er Religion nicht haben oder ausüben soll. Im Gegenteil. Sie bejaht das Religiöse oder den Wunsch, eine, seine eigene angeborene Religion auszuüben durchaus, nur nicht um den Preis, dass Andere darunter zu leiden haben oder dafür sterben müssen. Jeder, sagte schon der Alte Fritz – und die Freimaurerei als LEBENSSCHULE steht da ganz auf seiner Seite –, solle nach seiner Fasson glauben und glücklich werden können und dürfen, nur soll er eben dies auch dem Anderen zugestehen und ihn nicht zu missionieren versuchen.

Die Freimaurerei selbst nimmt für sich selbst weder das Wesen noch den Status einer Religion oder Religionsgemeinschaft in Anspruch. Welt- und Naturreligionen sind aus ihrer Sicht Formen der Verehrung einer überirdischen Wesenheit, eines unsterblichen Geistes,

Licht vom Lichte, Ausprägungen der Religion, in der alle Menschen in Achtsamkeit voreinander und Toleranz füreinander übereinstimmen können, ohne dabei ihren besonderen Glauben und ihre Überzeugungen aufzugeben.

Das und das Prinzip der Goldenen Regel (Regula aurea, Grundsatz der praktischen Ethik: «Behandle andere so, wie Du von Ihnen behandelt werden willst.») lehrt die Freimaurerei. Weil Freimaurerei eine Lebensschule ist und nicht Religion, nimmt sie von jeglicher Form religiös motivierter Missionierung deutlich Abstand und widersetzt sich allen von alters her existierenden und neu in die Welt tretenden fundamentalistischen religiösen Bestrebungen erkennbar.

Freimaurerei meint den Menschen, er aber ist nicht das Maß aller Dinge. Es ist etwas in der Welt, das weiter reicht als er und das verantwortlich dafür ist, dass er da ist. Freimaurer*innen leben und arbeiten im Bewusstsein und Wissen um das Wirken ewiger Gesetzmäßigkeiten, die zu ergründen sie nicht imstande sind, und in der Ehrfurcht und Demut vor ihnen.

Sie anerkennen die Möglichkeit der Existenz einer ordnenden Kraft im Universum, die dem Menschen nicht zugänglich ist, und sie schließen es nicht aus, dass diese auch im Menschen am Werk sein und wirken kann. Weder leugnen sie dies, noch fordern sie es fanatisch oder dogmatisch ein.

Bisher haben Freimaurer*innen dieser ordnenden Kraft, dieser Wesenheit, diesem unsterblichen Geist, den sie in der Schöpfung, der Natur, in allen Religionen und im Menschen am Wirken sehen, herrührend aus der Geschichte und den Traditionen der Freimaurerei, symbolisch den Namen «Allmächtiger Baumeister» gegeben. Fortan kann der Name, je nachdem wie es eine Loge damit hält, auch «Allmächtige Baumeisterin» lauten, da dies der Erkenntnis entspricht, dass sich dem Allumfassenden ein eindeutiges Geschlecht nicht zuordnen lässt.

Darüber hinaus bleiben allen Menschen, die Freimaurer*innen werden, ihre Weltanschauungen, Zugehörigkeiten zu einer Religion und ihr persönlicher Glaube oder Nichtglaube unbenommen, sofern diese der Umsetzung der NEUEN PFLICHTEN und den Zielen der Freimaurerei nicht widersprechen oder entgegenstehen.

Von der Weltkonferenz

Freimaurerei als LEBENSSCHULE weltweit gehört der MENSCHHEIT. Die Zeit, in der ein Land das Vorrecht besaß, zu bestimmen und festzulegen, was Freimaurerei ist oder in welchem anderen Land zu Recht Freimaurerei ausgeübt werden darf oder nicht, endet. Die Freimaurerei zu Beginn des 3. Jahrtausends emanzipiert sich in Fragen der Regularität vollends von ihrem Mutterland, ohne ihre Ursprünge, ihre Herkunft und ihre Geschichte dort zu verleugnen oder zu vergessen. Die Weltkonferenz der Freimaurer*innen konstituiert sich und gibt sich eigene Regeln und eine eigene Verwaltung. Sie ist eine alle drei Jahre in einem anderen Land stattfindende Zusammenkunft für Vertreter*innen aus allen Großlogen der Welt, die freimaurerisch arbeiten, unabhängig davon, ob diese gegenwärtig nach überkommenem Ritus anerkannt sind oder nicht. Die Weltkonferenz erkennt *die Rechte der Erde*, die *Menschenrechte*, die *Menschenpflichten* sowie die NEUEN PFLICHTEN als ihre Arbeitsgrundlagen an und achtet auf deren Einhaltung. Sie regelt auf diesen Grundlagen die Belange der Freimaurerei weltweit. Sie ist höchste Instanz und alleinige Exekutive, Legislative und Judikative in Fragen der Regularität in allen Ländern, in denen Freimaurerei ausgeübt wird.

Die Weltkonferenz anerkennt alle Großlogen, die sich dazu bereit erklären, diesen Arbeitsgrundlagen zu folgen. Sie vergibt die Patente an Großlogen und entzieht diese gegebenenfalls, wenn Großlogen die *Rechte der Erde*, die *Menschenrechte* und die *Menschenpflichten* sowie die NEUEN PFLICHTEN nicht oder nicht mehr anerkennen oder gegen diese vorsätzlich oder wissentlich verstoßen.

Von den Großlogen

Jede Großloge eines Landes ist mit einem Patent der Weltkonferenz ihr eigener Souverän. Sie ist dies, solange sie sich zu den *Rechten der Erde*, den *Menschenrechten*, den *Menschenpflichten* sowie den NEUEN PFLICHTEN bekennt und sich in der Ausübung ihrer Arbeit an sie hält. Dies geschieht in Erinnerung an die ALTEN PFLICHTEN, aber in der gleichzeitigen Erkenntnis, dass diese die Ursprünge der Freimaurerei zwar darstellen, aber den Bedürfnissen der Freimaurerei im 3. Jahrtausend als ein

Menschheitsbund und der heutigen Menschheit und Welt nicht mehr gerecht werden und genügen können.

Jede Großloge auf der Welt entsendet eine Schwester und einen Bruder als Vertreter*innen regelmäßig zu den Weltkonferenzen der Freimaurer*innen.

Den Großlogen steht es frei, Frauenlogen, Männerlogen oder gemischte Logen zuzulassen und ihnen Patente zu erteilen, sofern sie die Beachtung und Einhaltung der *Rechte der Erde*, der *Menschenrechte*, der *Menschenpflichten* sowie der Neuen Pflichten den von ihr gegründeten Logen auferlegen.

Innerhalb einer Großloge sind Frauenlogen, Männerlogen und gemischte Logen gleichberechtigt und auch so anzusehen und zu behandeln. Es besteht freies Besuchsrecht ohne Einschränkungen zwischen ihnen innerhalb eines Landes und über Ländergrenzen hinweg. Wie bisher ist die Großloge die Exekutive, Legislative und Judikative für die ihr angehörenden Logen. Wie bisher vergibt und entzieht die Großloge Patente für ihre Logen, in Zukunft jedoch auf der Grundlage der Einhaltung der genannten Rechte und der Neuen Pflichten.

Von den Logen

Die Logen der Freimaurer*innen sind als LEBENSSCHULEN die Pflanzstätten des MENSCHHEITSBUNDES Freimaurerei. Jede Loge sieht die *Rechte der Erde*, die *Menschenrechte*, die *Menschenpflichten* sowie die NEUEN PFLICHTEN verbindlich als die Grundlagen ihrer Arbeit an und verpflichtet sich gegenüber ihrer Großloge zur Beachtung und Einhaltung. Jeder Loge ist es unbenommen, sich im Rahmen demokratischer Entscheidungsfindung als Frauenloge, Männerloge oder gemischte Loge selbst zu definieren, selbst zu bestimmen und dies in ihrer Satzung und in ihrem Hausgesetz entsprechend zu regeln und zu manifestieren. Wie auch immer eine Loge sich selbst definieren mag, sei es aus traditionellen Erwägungen heraus als reine Frauen- oder Männerloge, sei es mit Blick auf die Zukunft als gemischte Loge, ihr gelten wie in den vergangenen 300 Jahren schon aller Respekt, alle Hochachtung und alle schwesterliche und brüderliche Liebe der Mitglieder anderer Logen.

Das freie Besuchsrecht ist bindend. Jeder Loge steht es jedoch mit Blick auf die gegenwärtigen Befindlichkeiten in der Freimaurerei frei, im Einzelnen zu regeln, wie, zu welchen Anlässen und in welcher Häufigkeit sie das freie Besuchsrecht umzusetzen wünscht; dass sie es aber umsetzt, ist unumgänglich.

Von Schwestern und Brüdern

Freimaurer*innen begegnen in ihren Logen einander nachrangig als Frauen und Männer, zuvörderst vielmehr als freie, lautere und gesetzestreue MENSCHEN, die mit Hilfe der Symbole und der Rituale der Freimaurerei absolut gleichberechtigt und selbstbewusst an sich selbst, der Bewahrung der Schöpfung und der Verwirklichung des MENSCHEITSBUNDES arbeiten.

Schwestern und Brüder, MENSCHEN, die sie sind, kommen unter Wahrung der Würde, der Persönlichkeit und Lebenszusammenhänge der*des jeweils anderen in der LEBENSSCHULE Freimaurerei zusammen, um die aufklärerischen Ideale der Freiheit, Gleichheit und der Geschwisterlichkeit einzuüben, zu leben und Meister*innen darin zu werden.

Ihren Umgang und ihr Miteinander gestalten sie in absolutem Respekt vor und in größtmöglicher Toleranz gegenüber dem Geschlecht, dem Alter, der Ethnie, der

Hautfarbe, dem Glauben, der sexuellen Orientierung und den Überzeugungen der*des jeweils anderen.

So tragen sie am besten Sorge dafür, dass die Grenzen, die Schwestern und Brüder, MENSCHEN, auf der Welt heute noch trennen, morgen überwunden sein werden und dafür, dass die Erde ihre bewohnbare Heimstätte bleiben kann. Und so wird auch die Freimaurerei ihre wahre Bestimmung erfahren und vollenden.

«Und Gott schuf den Menschen zu seinem Bilde, zum Bilde Gottes schuf er ihn; und schuf sie als Mann und Frau.»

(Gen. 1,27)

«Ihr sollt heilig sein, denn ich bin heilig, der HERR, euer Gott.»
«Du sollst deinen Nächsten lieben wie dich selbst.»

(Lev. 19, 1-2, 18)

VI Begründung

Heilig

Warum es für mich zu den Neuen Pflichten keine Alternative gibt

Wenn mir etwas heilig ist, dann bedeutet dies in meinem Sprachgebrauch, dass ich es in einem NICHT religiösen Sinn ganz besonders schätze, in hohen Ehren halte und im Herzen bewahre. Die Freimaurerei ist mir heilig seit Moment, als ich vor 36 Jahren in die Freimaurerei aufgenommen wurde. Das gilt auch für ihre Konstitution, die ALTEN PFLICHTEN aus dem Jahr 1723, die ich damals als junger Mann ausgehändigt und erstmals zu Gesicht bekam. Ich las sie mit Bewunderung und großer innerer Freude.

Die ALTEN PFLICHTEN sind, was unsere menschlichen Beziehungen angeht, ein erstaunliches Dokument, ein Monolith in der jüngeren Geistesgeschichte.

Erstmals werden in ihnen Verhaltensregeln für ein gleichberechtigtes Miteinander von Menschen aufgestellt, zu einer nach heutigen Maßstäben zutiefst unmenschlichen Zeit. Lange vor der ersten Menschenrechtserklärung Europas, die in der französischen Nationalversammlung am 26. August 1789 verabschiedet wurde, und lange vor den amerikanischen «Bill of Rights» die am 25. September 1789 vom amerikanischen Kongress beschlossen wurden.

Ich war sehr beeindruckt von den in den Alten Pflichten formulierten Grundsätzen und Gedanken. So sehr, dass bereits im Moment der Lektüre für mich sofort eines klar war: Die Freimaurerei würde ich niemals mehr verlassen. So ist es auch gekommen.

In den vergangenen 300 Jahren bis heute ist die weltweite Freimaurerei vielfach Veränderungsprozessen ausgesetzt gewesen, nicht immer zum Guten, aber auch nicht immer zum Schlechten hin. Wesentlich erscheint mir, dass sie immer die Bereitschaft an den Tag gelegt hat, mit der Zeit zu gehen, wenn auch nicht immer in atemberaubender Geschwindigkeit.

Ein Beispiel. Während meiner bisherigen Lebenszeit als Freimaurer ist in meinem Land, in Deutschland, eine Großloge der Frauen entstanden. Die im Dachverband der Vereinigten Großlogen vertretenen Großlogen aus Deutschland, England und Amerika haben sich viel stärker der Öffentlichkeit zugewandt als dies noch vor 30 Jahren denkbar gewesen wäre, und sie haben mit ihr seither ein Maß an Kommunikation aufgenommen, das vor drei Jahrzehnten ebenfalls nicht vorstellbar gewesen wäre.

Die Zeiten haben sich geändert. Die Freimaurerei hat sich verändert.

Wenn die Freimaurerei auch in Zukunft die Zeiten ÜBERDAUERN soll, was in ihr durchaus mehr als angelegt erscheint, und die PFLICHTEN in ihr auch für die Zukunft unter Menschen, die Freimaurer*innen werden wollen, Bestand haben sollen, darf auch ihre Konstitution zeitgemäß werden.

In den ALTEN PFLICHTEN findet sich an prominenter Stelle, im ersten allgemeinen Kapitel «Von Gott und der Religion», der folgende nicht zu übersehende und in seiner Bedeutung nicht zu unterschätzende Satz, in dem sich die Konstitution, die für die Brüder verfasst war, selbst widerspricht, indem sie den Menschen meint, aber lediglich die Brüder anspricht: *«So wird die Freimaurerei zu einer Stätte der Einigung und zu einem Mittel, wahre Freundschaft unter* ***Menschen*** *zu stiften, die einander sonst völlig fremd geblieben wären.»*

(aus: Die Alten Pflichten von 1723, in neuer Übersetzung herausgegeben von der Großloge A.F.u.A.M.v.D., Hamburg, 1976)

Im altenglischen Originaltext, der in derselben Ausgabe in Faksimile mit abgedruckt wurde, heißt der Satz: «*Whereby Masonry becomes the Center of Union, and the Means of conciliating true Friendship among* ***Persons*** *that must have remain'd at a perpetual Distance.*»

Nicht ausdrücklich von Männern, nicht ausdrücklich von Brüdern, nicht ausdrücklich von Frauen und auch nicht ausdrücklich von Schwestern ist im englischen Originaltext die Rede. Sondern von Personen. In die deutsche Sprache wurde das Wort **«Persons»** folgerichtig mit **«Menschen»** übersetzt. Das Wort «Person» stammt vermutlich «aus dem altgriechischen ‹prosopon› und steht für ‹was man sehen kann›, also Gesicht, Antlitz oder sichtbare Gestalt des **Menschen»**, nicht jedoch spezifisch für das des Mannes oder das der Frau. Genauso definiert das Wörterbuch Duden das Wort «Person»: «**Mensch** als Individuum, in seiner spezifischen Eigenart als Träger eines einheitlichen, bewussten Ichs».

Die ALTEN PFLICHTEN haben ein gewichtiges Manko: Obwohl sie von ihrem Verfasser, dem presbyterianischen Prediger James Anderson, ihrem Geiste nach, und dies, so glaube ich, wird niemand ernsthaft bezweifeln wollen, an den MENSCHEN als solchen gerichtet sind, sprechen sie de facto, bis auf den Passus im ersten Kapitel, in ihrem gesamten Verlauf nur einen Teil der Menschheit an, die Brüder, die Männer.

Schon deshalb sind die ALTEN PFLICHTEN heutzutage, in einer Ära, in der die Gleichberechtigung zwischen Frau und Mann in den meisten freien Staaten der Welt zwar noch nicht wirklich vollkommen erreicht ist, aber immer stärker Wirklichkeit wird, als nicht mehr zeitgemäß anzusehen. Sie haben die Schwestern nicht im Blick und schließen sie in den MENSCHHEITSBUND Freimaurerei nicht mit ein. Ähnlich verhält es sich mit dem den ALTEN PFLICHTEN noch innewohnenden Geist, wenn es um Fragen der weltweiten Regularität von Großlogen und Logen geht. Nur die von der Großloge von England mit einem Patent ausgestatteten Großlogen durften und dürfen die reguläre Freimaurerei verbreiten und vertreten, bis heute. Mit welchem Recht? Auch das widerspricht dem Geist der ALTEN

Pflichten, der einer von aufgeklärten Menschen war, die einen weltweiten, demokratisch geprägten Menschheitsbund im Herzen trugen und verwirklichen wollten, nicht nur einen britisch-kolonialen. Als das Gründungsdokument der Freimaurerei verdienen die Alten Pflichten weiterhin allen Respekt, alle Ehrerbietung und jede Hinwendung. Sie sind allerdings auch als ein Zeitdokument aus dem Anfang des 18. Jahrhunderts anzusehen, dessen Lebenswirklichkeit unserer heutigen gar nicht mehr entspricht. In Bezug auf die Gegebenheiten und Erfordernisse des 21. Jahrhunderts sind sie nicht mehr auf der Höhe der Zeit. Daher darf es neben den Alten Pflichten, die als Gründungsdokument der Freimaurerei für immer bestehen bleiben werden, nun die Neuen Pflichten geben. Zu ihnen gibt es aus meiner Sicht langfristig keine Alternative.

Freimaurerei per se ist nicht heilig, nicht Religion, nicht Kirche, weder Sekte noch okkulte Vereinigung. Sie ist nach heutiger Kenntnis eine Lebensschule mit Wurzeln im mittelalterlichen Handwerks- und Zunftwesen, vielleicht auch im Ordensrittertum, und durchaus ein beachtlicher humanistischer Ritus mit jahrhundertealter Tradition. Gerade als solcher darf er auch immer wieder zeitgemäß werden und in seinen Statuten als solcher auch erkennbar sein.

Das, was in der Freimaurerei wirkt und im Menschen zur Entfaltung kommen kann, ist nicht weniger als ein Appell zur Selbsterkenntnis, eine Ermahnung zu Selbsterziehung und eine Selbstverpflichtung aus freien Stücken zur Selbstlosigkeit.

In der Freimaurerei ruht allerdings auch ein Wesenskern, der von mir als heilig bezeichnet werden darf. Freimaurer*innen spüren und wissen: Zwischen dem Menschen und der Schöpfung, aber auch zwischen den Menschen existiert so etwas wie ein heiliges Band, resultierend aus der Menschwerdung aus einer überirdischen Kraft heraus, die nicht zu ergründen und zu erklären ist, jedoch alle Menschen, ohne Unterschied, verbindet.

Freimaurer*innen loten in diesem Sinne Höhen und Tiefen ihres Menschseins aus, ihres Fühlens, Denkens und Handelns in der Zuversicht, menschlichere Menschen zu werden und im Alltag auch zu sein, um mehr Menschlichkeit dort zu stiften, wo es sich ergibt oder es ihnen notwendig erscheint.

Wider den Tod, der jeden antritt, wider den Klimawandel, der uns alle bedroht, wider den Verlust von Glauben, Liebe und Hoffnung, dem jeder ausgesetzt sein kann, wider den Krieg der Religionen, der unsere Gegenwart prägt, und wider den Herausforderungen unseres digitalen Zeitalters sind Freimauer*innen unterwegs zum Wesentlichen und Verbindenden unter den Menschen.

Mit religiöser Verzückung hat dies nichts zu tun. Es ist, wenn wir so wollen, ein Spüren und Trauern um Verlorenes und ein Ringen um wiederzugewinnendes Menschliches.

In der Welt, in der wir leben, erscheint dieses heilige Band zwischen den Menschen und der Schöpfung und das zwischen den Menschen im Allgemeinen kaum mehr existent, aufgerieben im Alltag und in der Arbeit, missbraucht von politischen und religiösen Interessengruppen, verloren irgendwo zwischen respektloser Egomanie und pseudopolitischer oder -religiöser Prinzipienreiterei.

Freimaurerei ist eine mit Symbolen aus dem Bauhandwerk philosophisch und ethisch arbeitende Lebensschule für Frauen und Männer, eine Geisteshaltung für Menschen, ein Weg von vielen, darum bemüht zu sein, bewusst Gutes zu tun. Und zwar von einer an den Rechten der Erde, den Menschenrechten und-pflichten und einer am allgemeinen Sittengesetz orientierten menschlichen Haltung, die danach trachtet, die Schöpfung zu bewahren. So gleicht die Freimaurerei der innigen Suche nach dem verlorenen Menschlichen. In der Welt, in uns selbst und in allen Beziehungen. Solches Streben eint Freimaurer*innen überall auf der Erde. Es ist ihnen heilig.

Was die Alten dachten: Über das «wahre innere Heiligthum»

«Heilig nennen wir, was vom Gemeinen abgesondert und dem höchsten Wesen entweder eigen oder vorzugsweise gewidmet ist. Die Ideen der Wahrheit und der Tugend, die Gefühle einer reinen Liebe und Freundschaft sind heilig, denn sie erheben über das Gemeine und führen zu Gott.

Der Inbegriff heiliger Gedanken und Empfindungen ist die Religion und daher ist alles heilig, was durch eine ausschließlich religiöse Bestimmung ausgezeichnet und vor jeder Vermischung mit dem Gemeinen bewahrt, oder wegen seiner religiösen Bedeutung und Würde vorzüglich geehrt und für unverletzlich gehalten wird. Nach diesen Begriffen, von dem was heilig ist, können die Maurer ihre Beschäftigung heilig nennen, und jeder Bruder muss sie als solche anerkennen. Unsere Arbeiten sind abgesondert von dem Äußern, stützen sich auf Wahrheit und Tugend, befördern Bruder- und Menschenliebe, und erheben den Geist jedes Mal zu dem höchsten Baumeister.

Das wahre innere Heiligthum muß aber jeder in sich selbst haben, und nicht in den Graden suchen.»

Aus: «Freimaurer-Lexicon. Nach vieljährigen Erfahrungen und den besten Hülfsmitteln ausgearbeitet, herausgegeben von Johann Christian Gädicke», Berlin 1818

Wie ich es sehe: Erinnerung, Gewissen, Demut

Tragen wir nicht alle eine Erinnerung an die Schöpfung in uns, aus der wir alle kommen? Eine Erinnerung an das ursprüngliche und ungeteilte Menschliche? Die, weil sie existiert, uns heilig ist? Die Unterschiede zwischen Frau und Mann nicht macht? Die sich unserer Wahrnehmung weitgehend entzieht? Die, weil so fern in unserem kollektiven Gedächtnis liegend, kaum mehr zu erspüren ist? Wie der letzte hell leuchtende Funken eines Feuers, das einmal wärmte? Eine Erinnerung, die sich im Alltag des Lebens und des Berufes kaum mehr mitteilt? Die in den Wellengängen der Reize unserer betriebsamen Welt oft verschlungen wird? Die wir auf den gewohnten Wegen nicht zu erreichen vermögen? Nur dann vielleicht, wenn wir einmal zur Ruhe kommen oder in uns hineinhorchen wie Kinder das tun, nachts vor dem Einschlafen?

Wenn sich unser schweigsames Gewissen in der Stille meldet und mit ihm die einsame Ehrfurcht vor allem? Eine Erinnerung, für die uns kaum eine Lehre so sensibilisiert wie die Freimaurerei?

Wir tragen alle eine Erinnerung in uns. Uralt ist sie und existiert seit Menschengedenken. Sie ist die Erinnerung an das im Überirdischen gegründete ursprünglich Menschliche, an das, woher wir kommen und an das, wohin wir gehen, an das nicht zerstreute und hell leuchtende Licht, das die Alten schon kannten und dem die Empfindsamen und Weisen der Zeiten bis heute folgen.

Diese Erinnerung ist uns nicht immer gewärtig. Sie lebt ein je singuläres Leben im Menschen in der Abgeschiedenheit und den tiefsten Gründen seines Unterbewusstseins. Daher spüren wir sie kaum, wir wissen wenig oder gar nichts von ihr, und es fällt uns schwer, ihr einen Namen zu geben.

So oft wir es versuchen, scheitern wir an den Realitäten, die durch alle Zeitalter hindurch Spuren des Gemeinsamen unter den Religionen löschen und es weiterhin tun.

Doch lehrt uns diese Erinnerung, ob wir es nun zugeben wollen oder nicht, eines, und dies beständig, Ehrfurcht: Ehrfurcht vor unseren Ursprüngen, vor uns selbst, und, nicht minder, vor dem*der Anderen. Das einzige Mittel, das wir haben, besagter Erinnerung habhaft zu werden, ist unser Gewissen. Es meldet sich, häufig in Alltagssituationen, wenn wir uns gegen diese Erinnerung wehren, wenden oder sie gar abweisen.

Dann ist das Gewissen, der Bote der Erinnerung, mit all seiner Macht urplötzlich da. Es klopft an unser Herz und versucht uns davon abzuhalten, den Weg der Erinnerung zu verlassen.

Doch sind wir oft zu schwach, sein Pochen zu hören, seinem Ruf zu folgen. In den Fransen und Knäueln der täglichen Wege verschließen wir uns vor unserem Gewissen und werden der Erinnerung untreu.

Es bedarf vieler Verstöße gegen das Gewissen, viel Leids, viel vergeblicher Hingabe und Aufopferung, viel zurückgewiesener und verworfener Liebe, viel enttäuschten Einsatzes für das Gute, vieler lehrreicher Schicksalswinke und, nicht zuletzt, viel zerstörten Glaubens, um zu erkennen, dass diese Erinnerung in uns allen ruht, und, dass sie es ist, die unser Wohl im Schilde führt, ohne, dass wir es erahnen, dass sie es ist, die uns Toleranz lehrt und Demut.

Demut vor dem ursprünglich Menschlichen in uns allen, dem keine noch so gewichtige Glaubenslehre widersprechen kann.

Demut vor dem Höchsten, das die Freimaurer*innen den Allmächtigen Baumeister oder die Allmächtige Baumeisterin aller Welten nennen, weil sie damit die Toleranz aller Religionen und der MENSCHEN untereinander zum Ausdruck bringen und einfordern möchten.

Demut vor der doch sehr begrenzten und unbekannten Zeit, die uns allen zur Verfügung steht, uns selbst zur Reife zu bringen.

Sind wir der Erinnerung an das ursprünglich Menschliche in uns erst einmal auf der Spur, lässt sie uns nie mehr los. Sie führt uns, wenn wir es wollen, zu dem einen Licht, das jede Religion zwar benennt, dessen Name und Wort jedoch verloren gegangen sind.

Die Freimaurerei, die Königliche Kunst, ist einer von vielen, aber ein sehr alter und menschenfreundlicher Weg, der Spur dieser Erinnerung zu folgen und das verlorene Wort, das ungeteilte Licht, zu finden.

Sie macht uns, ob Frau oder Mann, auf das von den Freimaurer*innen früherer Zeiten benannte «wahre innere Heiligthum» in uns selbst aufmerksam und hilft uns dabei, es mit Freude zu spüren, zu entdecken und zu entfalten und uns auf diese Weise selbst zu heiligen.

«Wenn ein Fremdling bei euch wohnt
in eurem Lande, den sollt ihr
nicht bedrücken.
Er soll bei euch wohnen
wie ein Einheimischer unter euch,
und du sollst ihn lieben wie dich selbst.»

(Lev.19, 33-34)

« (…) In der zweiten Hälfte des 20. Jahrhunderts überschritt die vom Geist des neuzeitlichen Christentums geprägte europäische Gesellschaft den Rubikon, um im Anschein des Sieges, sich und die Welt zu verlieren. Die Grenzen der sich von den Belastungen durch den Menschen immer wieder regenerierenden lebendigen Natur (sustainable development) wurden durchbrochen; die Belastungen des Lebens wurden größer als sein Regenerationsvermögen. Die Konferenz von Rio (1992) versuchte, die Ruder herumzureißen – doch ohne jeden Erfolg. (…) Nicht Gesetze (die es zudem nicht einmal gibt), die einen Staat bestrafen, der sich nicht an die Vereinbarungen hält, werden die lebendige Welt vor ihrem Untergang retten, sondern allein die Erfahrung des Heiligen in den Gestalten des Lebendigen und die damit verbundene Ehrfurcht vor dem Leben. (…)»

Rupert Lay
(aus: «Nachkirchliches Christentum»)

VII Zukunftsperspektiven der Freimaurerei

Vortrag zu Beginn des Maurerjahres 2018/19 in der TA I am Montag, 10. September 2018, in der Loge «Insel zu den drei Ufern» im Orient Lindau, der die Grundlage für mein Buch war.

Ehrwürdiger Meister vom Stuhl,
würdige und geliebte Brüder in all Eueren Graden,

die ersten beiden Sätze, das wortwörtliche Zitat des Artikels 1 aus der Allgemeinen Erklärung der Menschenrechte vom 10. Dezember 1948, dürfte jedem von uns hinlänglich bekannt sein. Leider verhallen dieser und die 29 folgenden Artikel der Menschenrechtscharta der Vereinten Nationen in unserer bewegten Zeit immer wieder.

Weniger präsent dagegen sind uns die beiden anderen Zitate der Artikel 1 und 7 aus der Allgemeinen Erklärung der Menschenpflichten. Vielleicht sind sie vielen von uns gar nicht bekannt.

Ich muss Euch sagen, ich war damals sehr überrascht und bin seither sehr froh, dass es sie gibt. Menschenpflichten. Als Zusatz, als Ergänzung, Erweiterung oder wie wir in Wikipedia lesen können, als Gegengewicht zu den Menschentrechten. Wobei ich sie so nicht empfinde. Als Gegengewicht. Rechte und Pflichten gehören in meinen Augen zusammen. Unzertrennlich. Wer auf einem Recht besteht, hat auch die Pflicht, es zu wahren und dem nächsten zuzugestehen.

Anders als die Allgemeine Erklärung der Menschenrechte ist die Allgemeine Erklärung der Menschenpflichten nicht ein offizielles Dokument der Vereinten Nationen. Aber beinahe so etwas. Sie wurde vom InterAction Council 1997 der Öffentlichkeit übergeben. Das InterAction Council (kurz IAC) wurde 1983 vom zwischenzeitlich verstorbenen japanischen Premierminister Takeo Fukuda gegründet als lose Verbindung früherer Staats- und Regierungschefs. Nach den Angaben von Loki Schmidt haben Takeo Fukuda und der deutsche Ex-Bundeskanzler Helmut Schmidt das InterAction Council zusammen ausgedacht und geplant.

Wir erinnern uns: Helmut Schmidt war nicht nur Staatsmann, er war auch derjenige, der uns, der unserem Bund, vor geraumer Zeit sagte: «*Wenn ich es richtig verstehe, so stellen Freiheit, Gleichheit, Brüderlichkeit, Toleranz und Humanität die Grundideale der Freimaure-*

rei dar. Diese Grundwerte sind notwendig. Ohne sie kann Europa nicht wirklich zusammenhalten.»

Ich würde das ergänzen: Ohne sie kann die Welt nicht zusammenhalten. Schmidt sagte dies anlässlich der Verleihung des Gustav-Stresemann-Preises im Januar 2015. Unsere Großloge vergab diesen Preis verbunden mit einer Medaille erstmals und würdigte damit die Lebensleistung des früheren Kanzlers.

Schmidt sagte damals auch: *«Freimaurerei hat prinzipiell keinen Unterschied gemacht hinsichtlich der Nationalität oder der Hautfarbe. Wohl aber hat sie sich durch eine weit ausgedehnte Geheimhaltung ihrer Aktivitäten selbst in ihrer Reichweite eingegrenzt. Ich habe deshalb vor eineinhalb Jahrzehnten schon einmal an die Freimaurer appelliert, ihre begrüßenswerten Gründungen, ihre Spenden, ihre Aktivitäten öffentlich zu machen.»*

Der Kanzler spricht hier von Selbstbegrenzung, von einer Freimaurerei, die sich selbst in ihrer Reichweite eingrenzt, verursacht durch weit ausgedehnte Geheimhaltung ihrer Aktivitäten. Das ist Zündstoff und wird auch einer bleiben. Kaum etwas taugt mehr dazu, die Bruderschaft in Aufruhr zu bringen, als der Umgang mit dem Arkanum und die Frage, wie das, was man an

Gutem tut, zu kommunizieren wäre. Trotz allem, was von der Großloge in den vergangenen 30 Jahren unternommen wurde, um sich zu öffnen und der Öffentlichkeit gegenüber transparenter zu werden. Das waren Riesenschritte.

Ich würde noch weiter gehen als Helmut Schmidt, der uns den Spiegel vorgehalten hat. Die Freimaurerei hat sich nicht allein durch Geheimhaltung ihrer Aktivitäten in ihrer Reichweite und Wirkkraft selbst begrenzt. Auch anderweitig ist es ihr gelungen, sich selbst zu beschneiden. Sie hat den ihr in die Wiege gelegten globalen Anspruch in zweifacher Hinsicht vernachlässigt.

Als globale Lebensschule für alle Menschen, gerichtet in alle Länder und in alle Nationen der Welt, hat sie es bisher versäumt, als solche auch weltweit erkennbar aufzutreten. In der Freimaurerei, vor allem in ihren weiterführenden Graden, gibt es nicht gerade wenige europa- und weltweite Treffen oder Konferenzen. Aber wer erfährt davon? In der Regel der Bruderkreis. Das ist schön und gut. Aber reicht das wirklich aus?

Wenn ich ein weltweites Angebot für Menschen habe und weltweit eine humanitäre Bewegung initiieren oder befördern will, dann muss ich das auch entsprechend kommunizieren. Allen Verschwörungstheorien von einer durch die Freimaurerei angestrebten Weltregierung zum Trotz. Es kommt halt darauf an wie, und es dürfte kein Problem darstellen, denn in unseren Reihen gibt es genügend Brüder, die sich mit Öffentlichkeitsarbeit auskennen. Wenn es eine Weltregierung gäbe, sie wirklich der Humanität diente, sich mit ihr Hunger, Not und Krankheit auf der Erde beseitigen ließen und sie uns beispielsweise vor den Bestrebungen bewahren könnte, die Grenzen zwischen Menschen und digitalen Maschinen aufzuheben, wäre sie ja vielleicht gar nicht so schlecht.

Als globale Lebensschule hat Freimaurerei es vernachlässigt, hervorzuheben und zu betonen, dass sie ihrem Wesen und ihrer Natur nach ein Angebot darstellt, das sich zuallererst an Menschen wendet, an Männer wie Frauen, nicht an Geschlechter.

Dadurch ist der Eindruck entstanden, und er besteht vielerorts immer noch, Freimaurerei sei nur etwas für Männer. Schlimmer noch: Freimaurerei sei antiquiert, machistisch, altbacken, frauenfeindlich, Männertümelei eben. Was sie aber partout nicht ist und auch nicht sein will. Freimaurerei, zwar auf das vorwiegend von Männern geprägte Zunftwesen zurückzuführen, ist aus ihrem Entstehen, ihren Statuten und Lehren heraus eine auf den Menschen, nicht auf die Geschlechter zielende Lehre.

In Schillers Ode «An die Freude» heißt es ja schließlich «Alle Menschen werden Brüder» und nicht «Alle Männer werden Brüder». An der Allgemeinen Erklärung der Menschenrechte von 1948 haben acht Männer und Frauen aus Australien, Chile, China, Frankreich, dem Libanon, der Sowjetunion, Großbritannien und den Vereinigten Staaten zwei Jahre gearbeitet und Eleanor Roosevelt, Vorsitzende der Menschenrechtskommission der Vereinten Nationen, eine Frau, hat sie verkündet.

Nirgendwo in den Vorläufern der Allgemeinen Erklärung der Menschenrechte ist die Rede von Männern. Immer wird von Menschen, manchmal auch Bürgern, gesprochen, in der Virginia Declaration of Rights von 1776, in der Unabhängigkeitserklärung der Vereinigten Staaten aus demselben Jahr, in der Erklärung der Menschen- und Bürgerechte der französischen Nationalversammlung von 1789. Und auch die Allgemeine Erklärung der Menschenpflichten spricht von Menschen und

Personen, nicht von Männern und Frauen. Die Freimaurerei steht in dieser Tradition der Menschenrechte, nicht der Männerrechte, nicht der Frauenrechte. Niemand, der Freimaurerei wirklich verstanden hat, kann allen Ernstes sagen, Freimaurerei sei nur an Männer gerichtet oder nur etwas für Männer. Dann hat er sie nicht verstanden. Freimaurerei geht den Menschen an, nicht das Geschlecht.

Die selbst auferlegte Begrenzung in der Freimaurerei besteht also nicht nur in Bezug auf die Geheimhaltung ihrer Aktivitäten und den Umgang mit der Öffentlichkeit. Auch ein fehlendes weltweit sichtbares und gern auch immer wiederkehrendes Bekenntnis, von Beginn an in der Tradition der Menschenrechte zu stehen, eine globale Bewegung zu sein, die Bewegung der Rechte des Menschen und die nach wie vor vorhandene Orientierung an einem Geschlecht beschränken die Freimaurerei hinsichtlich ihrer Reichweite und Wirksamkeit. Hinzu kommt die nicht vorhandene Positionierung ihrer selbst zur Allgemeinen Erklärung der Menschenpflichten. Ich kann nicht erkennen und nicht erinnern, in den vergangen 33 Jahren meines Freimaurerseins jemals von den Vertretern unserer Großlogen oder weiterführenden Systemen etwas dazu gehört oder in den freimaurerischen Publikationen etwas dazu gelesen zu haben.

Was also sollte Freimaurerei unternehmen, um überhaupt Zukunftsperspektiven zu haben?

Sie sollte endlich ein entspanntes Verhältnis zur Geheimhaltung ihrer Aktivitäten und zum Arkanum gewinnen. Letzteres kann sowieso nicht preisgegeben werden, soviel man auch darüber sagen, debattieren oder schreiben mag. Es kann nur erlebt werden. Das wird immer so sein. Noch weiter als bisher gehende Kommunikation der Ziele, Zwecke und Wirkweise der Freimaurerei ist Gebot der Stunde, in allen Medien, auch den sozialen, in denen sie nur rudimentär vertreten ist.

Über die aufklärerische Tradition, die humanistische Lehre und das Gute, das Humanitäre zu sprechen, das man tut, ist nicht verwerflich. Es verrät nichts von dem Arkanum. Es nimmt Einzuweihenden nicht einen Deut vom Erlebnis. Man muss dieses Sprechen ja nicht gerade in der Art und Weise ausüben wie ähnliche gesellschaftliche Clubs das zu tun pflegen.

Freimaurerei sollte sich zweitens bewusst und freien Mutes, sichtbar und dauerhaft immer wieder weltweit erkennbar in die Tradition der Menschenrechte und -pflichten stellen, aus der sie sich entwickelt hat und in der sie nun mal steht.

Dazu gehört es, dass sie sich lokal, staatlich und global positioniert, wenn Menschenrechte gefährdet sind, etwa aufgrund der aktuellen Entwicklung in den Biowissenschaften und den Informationstechnologien oder, wenn Menschenpflichten versäumt werden, etwa aufgrund aktueller Hungersnot, Kriege und Flüchtlingsbewegungen oder, wenn sich in einem Land wie dem unsrigen eine politische Bewegung Geltung verschafft, die geschichtsklitternd ein ganzes Volk ins Unglück stürzen kann.

Es gibt dazu eine Einschätzung, die nicht von einem Politiker aus unserem Land stammt, sondern von John McCain, dem ehemaligen Präsidentschaftskandidaten und verstorbenen republikanischen Gegenspieler Donald Trumps, die sich nicht auf Deutschland bezieht, sondern auf Amerika, aber genauso gut auf Deutschland zutrifft, man muss lediglich die Ländernamen austauschen und das ganz auf Europa beziehen. Ich zitiere John McCain nach einem Artikel von Roger Cohen aus der New York Times: «*Wenn man die Verpflichtung Amerikas, international zu führen, zurückweist, ebenso wie unsere Pflicht, die letzte große Hoffnung der Welt zu bleiben, um einem halb garen, zweifelhaften Nationalismus nachzugeben, der auf Leute zurückgeht, die lieber Sündenböcke suchen, als Probleme zu lösen, dann ist das unpatriotisch. Ebenso unpatriotisch, wie anderen Lehren der Vergangenheit zu folgen, die die Amerikaner schon auf dem Aschehaufen der Geschichte sahen. Wir leben in einem Land, das aus Idealen gemacht ist, nicht aus Blut und Boden.*»

Freimaurerei sollte drittens endlich den alten Zopf abschneiden, zu meinen und zu publizieren, sie sei eine Einrichtung und Lebensschule für Männer. Das ist sie nicht. Deswegen muss sie ihre durchaus vorhandenen und männlich geprägten Traditionen nicht verwerfen. Sie sollte lediglich davon abrücken, ausschließlich für Männer da zu sein. Das heißt, anzuerkennen und zuzulassen, dass es Männerlogen, Frauenlogen und gemischte Logen gibt und das vom freien und offenen Besuch untereinander keinerlei Gefahren für das Wesen der Freimaurerei ausgehen für das, was sie will und anstrebt. Um eine wirkliche und letztlich greifende Veränderung zu bewirken, kann es und muss es vielleicht sogar notwendig werden, dass sich Freimaurerei von einer langen und nicht immer guten Tradition verabschiedet,

- der Tradition, das Entstehen neu gegründeter, regulärer Logen allein von der Anerkennung der freimaurerischen Institutionen des freimaurerischen Mutterlandes abhängig zu machen,
- und der Tradition, die Seins- und Arbeitsweise existierender Logen allein von den Reglements des freimaurerischen Mutterlandes aus zu beurteilen.

Eines freimaurerischen Mutterlandes, das es übrigens erst kürzlich zugelassen hat, dass es sich selbst aus einer zutiefst freimaurerischen Idee verabschiedet hat: von Europa.

Könnte Freimaurerei lokal, staatlich und global all dem näher treten, ergäben sich durchaus Zukunftsperspektiven für sie, die so aussähen:

Aus der Freimaurerei könnte tatsächlich die erste weltweit wirksame Lebensschule für Menschen (und eben nicht für Geschlechter) aller Nationen werden, zu der nicht nur alle Menschen Zutritt haben, sondern in der auch alle Menschen gemäß der Allgemeinen Menschenrechte und Menschenpflichten unterrichtet würden. Dies könnte beispielsweise so geschehen, dass der Werte- und Sittenkatalog der Freimaurerei Eingang in Lehrinhalte für Kindergärten und Schulen findet oder Menschen mit dem Erreichen der Volljährigkeit automatisch die Zugangsberechtigung in Logen, nicht die Zugangsverpflichtung, erhalten.

Aus der Freimaurerei könnte, gerade weil sie eine Schule der Humanität und Toleranz ist, endlich weltweit die Wirkkraft werden, die es vermag, die seit Jahrtausenden währenden Gegensätze zwischen den Weltreligionen und allen anderen Religionen zu überwinden und die damit verbundenen Feindseligkeiten und Kriege zwischen den Menschen auf der Erde zu beenden. Existierende Religionen, nicht einmal die christliche, sind dazu kaum in der Lage, weil Missionsgeist, Selbstbezogenheit und Tunnelblick sie bremsen und gerade das Gegenteil bewirken.

Schließlich könnte Freimaurerei dazu beitragen, dass es der Menschheit immer mehr gelingt, dauerhaft in Frieden zu leben, dauerhaft ohne Hunger und Not auszukommen und sich endlich gemeinsam und dauerhaft der Erhaltung und Pflege unserer Lebensgrundlage zu widmen: der Erde. Nicht nur die Menschen auf der Erde sind in Bedrängnis, auch unser Planet, und vielleicht ist er es gerade auch deshalb, weil es der Freimaurerei bisher immer noch nicht gelungen ist, sich aus dem Stadium nicht mehr zeitgemäßer Traditionen, übertriebener Selbstbeschau und fortwährender Selbstbezogenheit zu befreien.

Sicherlich jedoch hat die Bedrängnis, in die wir alle und unsere Erde geraten sind, am allermeisten mit jedem Einzelnen von uns zu tun, damit, dass wir allzu leicht die Ehrfurcht verlieren vor dem Wirken der Ewigen Gesetzmäßigkeiten und allzu gern übersehen und nicht selten sogar ganz vergessen, dass unsere Leiber Wohnsitze und Wirkstätten eines unsterblichen Geistes sind. Und so, wie es unsere Leiber sind, ist es unsere Erde.

Nun, meine lieben Brüder, habe ich Eure Aufmerksamkeit lange in Anspruch genommen und vielleicht auch das eine oder andere gesagt, das dem einen oder anderen unter Euch nicht so sehr behagt. So sollte und so darf es aber auch sein, denn Freimaurerei ist auch geistige Auseinandersetzung mit den Vorgängen in der Welt. Und einen Impuls dazu zum Start unseres Jahresthemas «Zukunftsperspektiven der Freimaurerei», ob lokal, staatlich oder global, wollte ich Euch mit dieser Zeichnung geben. Ich bin gespannt auf weitere Zeichnungen zu diesem Thema aus unserem Kreis.

Sylvio J. Godon, Wangen, den 7. September 2018

«Das denke ich auch –
Was Blut kostet, ist gewiß kein Blut wert.»

Gotthold Ephraim Lessing
(in: «Ernst und Falk –
Gespräche für Freimaurer»)

VIII Quellentexte

Vorschlag für eine Allgemeine Erklärung der Rechte der Mutter Erde

From World People's Conference on Climate Change and the Rights of Mother Earth, Cochabamba, Bolivia, 22 April – Earth Day 2010, www.rightsofmotherearth.com

Präambel

Wir, die Völker und Nationen der Welt:
Berücksichtigend, dass wir alle ein Teil der Mutter Erde, einer unteilbaren, lebendigen Gemeinschaft von unter einander verbundenen und abhängigen Wesen mit einem gemeinsamen Schicksal, sind;
Dankbar anerkennend, dass die Mutter Erde die Quelle des Lebens, der Ernährung und des Lernens ist und alles bietet, was wir brauchen, um gut zu leben;
Erkennend, dass das kapitalistische System und alle Formen von Plünderung, Ausbeutung, Missbrauch und Verunreinigung große Zerstörung, Verwüstung und Zerrüttung der Mutter Erde verursacht haben, und somit das Leben, wie wir es heute kennen, durch Phänomene wie Klimawandel gefährden;
Überzeugt, dass es nicht möglich ist in einer untereinander abhängigen und lebendigen Gemeinschaft nur die Rechte der Menschen anzuerkennen ohne das Gleichgewicht innerhalb der Mutter Erde zu stören;

Bestätigend, dass es notwendig ist, um die Menschenrechte zu garantieren, die Rechte der Mutter Erde und aller Lebewesen auf ihr anzuerkennen und zu verteidigen und dass es Kulturen, Praktiken und Gesetze gibt, die dies tun;
Der Dringlichkeit bewusst, entscheidend und gemeinsam zu handeln um Strukturen und Systeme, die zu Klimawandel und anderen Bedrohungen für die Mutter Erde führen, zu ändern;
Verkünden diese Allgemeine Erklärung der Rechte der Mutter Erde, und appellieren an die Generalversammlung der Vereinten Nationen sie zu verabschieden, als ein gemeinsames Ziel aller Völker und Nationen der Welt, damit jedes Individuum und jede Institution die Verantwortung für die Förderung durch Lehren und Bewusstseinsbildung für die Achtung der in dieser Erklärung anerkannten Rechte übernimmt, und durch sofortige und fortschrittliche Maßnahmen und Mechanismen, auf nationaler und internationaler Ebene, ihre allgemeine und tatsächliche Anerkennung und Einhaltung durch alle Völker und Staaten der Welt gewährleistet ist.

Artikel 1. Mutter Erde

(1) Die Mutter Erde ist ein lebendes Wesen.
(2) Die Mutter Erde ist eine einzigartige, unteilbare, sich selbst regulierende Gemeinschaft von untereinander abhängigen Wesen, die alle Wesen unterhält, in sich birgt und reproduziert.
(3) Jedes Wesen ist durch seine Beziehungen als ein integraler Bestandteil der Mutter Erde definiert.
(4) Die inhärenten Rechte der Mutter Erde sind unveräußerlich, da sie aus derselben Quelle wie die Existenz selbst stammen.
(5) Die Mutter Erde und alle Wesen haben ein Recht auf alle inhärenten Rechte, die in dieser Erklärung anerkannt werden, ohne Unterschied zwischen organischen und anorganischen Wesen, oder basiert auf Arten, Herkunft, Nutzen für die Menschen, oder jeglichen anderen Status.

(6) Genauso wie Menschen Menschenrechte haben, haben alle anderen Wesen auch Rechte, die speziell für ihre Art oder Spezies und ihre Rolle und Funktion innerhalb ihrer Gemeinschaft abgestimmt sind.
(7) Die Rechte eines jeden Wesens sind begrenzt durch die Rechte anderer Wesen und jeder Konflikt zwischen ihren Rechten muss so gelöst werden, dass die Integrität, das Gleichgewicht und die Gesundheit der Mutter Erde erhalten bleibt.

Artikel 2. Inhärente Rechte der Mutter Erde

1) Die Mutter Erde und alle Wesen aus denen sie besteht, haben folgende inhärente Rechte:
(a) Das Recht zu leben und zu existieren;
(b) Das Recht respektiert zu werden;
(c) Das Recht, ihre Bio-Kapazität zu regenerieren und ihre lebenswichtigen Kreisläufe und Prozesse frei von menschlichen Störungen fortzusetzen;
(d) Das Recht zur Aufrechterhaltung ihrer Identität und Integrität als eigenständige, sich selbst regulierenden und mit einander in Beziehung stehenden Wesen;
(e) Das Recht auf Wasser als eine Quelle des Lebens;
(f) Das Recht auf saubere Luft;
(g) Das Recht auf ganzheitliche Gesundheit;
(h) Das Recht frei von Kontamination, Verschmutzung und toxischen oder radioaktiven Abfällen zu sein;
(i) Das Recht, dass ihre genetischen Strukturen nicht verändert oder in einer Weise gestört werden, die ihre Integrität, ihr Leben, oder ihre Gesundheit bedroht;
(j) Das Recht auf vollständige und unverzügliche Wiederherstellung der in dieser Erklärung anerkannt Rechte im Falle deren Verletzung durch menschliche Aktivitäten;
2) Jedes Wesen hat das Recht auf einen Platz und das Recht zum harmonischen Funktonieren der Mutter Erde beizutragen;

3) Jedes Wesen hat das Recht auf Wohlbefinden und auf ein Leben frei von Folter oder grausamer Behandlung durch Menschen.

Artikel 3. Verpflichtungen der Menschen gegenüber der Mutter Erde

1) Jeder Mensch ist verantwortlich für die Wahrung der Mutter Erde und muss in Harmonie mit ihr leben.
2) Alle Menschen, Staaten und öffentliche und private Institutionen müssen:
(a) In Übereinstimmung mit den in dieser Erklärung anerkannten Rechte und Pflichten handeln;
(b) Die vollständige Umsetzung und Durchsetzung der in dieser Erklärung anerkannten Rechte und Pflichten akzeptieren und fördern;
(c) Lehren, fördern, analysieren und interpretieren wie man gemäß dieser Erklärung, in Harmonie mit der Mutter Erde leben kann;
(d) sicherstellen, dass das Streben nach menschlichem Wohlstand dem Wohlergehen der Mutter Erde jetzt und in Zukunft zuträglich ist;
(e) Wirksame Normen und Gesetze zur Verteidigung, zum Schutz und zur Erhaltung der Rechte der Mutter Erde erlassen und anwenden;
(f) Die vitalen, ökologischen Kreisläufe, Prozesse und Gleichgewichte der Mutter Erde achten, schützen und erhalten und gegebenenfalls deren Integrität wieder herstellen;
(g) Garantieren, dass durch Menschen verursachte Schäden der in dieser Erklärung anerkannt inhärenten Rechte korrigiert werden und dass die Verantwortlichen zur Rechenschaft gezogen werden für die Wiederherstellung der Integrität und der Gesundheit der Mutter Erde;
(h) Menschen und Institutionen befähigen die Rechte der Mutter Erde und aller Wesen zu verteidigen;
(i) Vorsorgliche und restriktive Maßnahmen nehmen, um zu verhindern, dass menschliche Aktivitäten das Artensterben, die Zerstörung von Ökosystemen oder die Störung ökologischer Kreisläufe verursachen;

(j) Frieden und die Beseitigung nuklearer, chemischer und biologischer Waffen garantieren;
(k) Respektvolle Verhaltensweisen gegenüber der Mutter Erde und aller Wesen im Einklang mit ihren eigenen Kulturen, Traditionen und Bräuchen unterstützen und fördern;
(l) Wirtschaftssysteme fördern die in Harmonie mit der Mutter Erde und mit den in dieser Erklärung anerkannten Rechten im Einklang sind.

Artikel 4. Definitionen

1. Der Begriff «Wesen» umfasst Ökosysteme, natürliche Gemeinschaften, Arten und alle anderen natürlichen Entitäten, die als Teil der Mutter Erde existieren.
2. Keine Bestimmung dieser Erklärung schränkt die Anerkennung anderer inhärenter Rechte aller oder einzelner Lebewesen ein

Allgemeine Erklärung der Menschenrechte

Vereinte Nationen, Resolution der Generalversammlung A/RES/217 (III). Allgemeine Erklärung der Menschenrechte vom 10. Dezember 1948, Artikel 1 von insgesamt 30 Artikeln. Siehe: www.un.org/depts/german/menschenrechte/aemr.pdf und: „Recht auf Frieden, Die Allgemeine Erklärung der Menschenrechte der Vereinten Nationen von 1948 in 40 Sprachen"; Grupello Verlag 2018, Herausgeber Deutsche Ausgabe, Norbert Thomassen, ISBN: 978-3-89978-341-4

PRÄAMBEL

Da die Anerkennung der angeborenen Würde und der gleichen und unveräußerlichen Rechte aller Mitglieder der Gemeinschaft der Menschen die Grundlage von Freiheit, Gerechtigkeit und Frieden in der Welt bildet,
da die Nichtanerkennung und Verachtung der Menschenrechte zu Akten der Barbarei geführt haben, die das Gewissen der Menschheit mit Empörung erfüllen, und da verkündet worden ist, daß einer Welt, in der die Menschen Rede- und Glaubensfreiheit und Freiheit von Furcht und Not genießen, das höchste Streben des Menschen gilt,
da es notwendig ist, die Menschenrechte durch die Herrschaft des Rechtes zu schützen, damit der Mensch nicht gezwungen wird, als letztes Mittel zum Aufstand gegen Tyrannei und Unterdrückung zu greifen,
da es notwendig ist, die Entwicklung freundschaftlicher Beziehungen zwischen den Nationen zu fördern,
da die Völker der Vereinten Nationen in der Charta ihren Glauben an die grundlegenden Menschenrechte, an die Würde und den Wert der menschlichen Person und an die Gleichberechtigung von Mann und Frau erneut bekräftigt und beschlossen haben, den sozialen Fortschritt und bessere Lebensbedingungen in größerer Freiheit zu fördern,

da die Mitgliedstaaten sich verpflichtet haben, in Zusammenarbeit mit den Vereinten Nationen auf die allgemeine Achtung und Einhaltung der Menschenrechte und Grundfreiheiten hinzuwirken,
da ein gemeinsames Verständnis dieser Rechte und Freiheiten von größter Wichtigkeit für die volle Erfüllung dieser Verpflichtung ist,
verkündet die Generalversammlung
diese Allgemeine Erklärung der Menschenrechte als das von allen Völkern und Nationen zu erreichende gemeinsame Ideal, damit jeder einzelne und alle Organe der Gesellschaft sich diese Erklärung stets gegenwärtig halten und sich bemühen, durch Unterricht und Erziehung die Achtung vor diesen Rechten und Freiheiten zu fördern und durch fortschreitende nationale und internationale Maßnahmen ihre allgemeine und tatsächliche Anerkennung und Einhaltung durch die Bevölkerung der Mitgliedstaaten selbst wie auch durch die Bevölkerung der ihrer Hoheitsgewalt unterstehenden Gebiete zu gewährleisten.

Artikel 1

Alle Menschen sind frei und gleich an Würde und Rechten geboren. Sie sind mit Vernunft und Gewissen begabt und sollen einander im Geiste der Brüderlichkeit begegnen.

Artikel 2

Jeder hat Anspruch auf alle in dieser Erklärung verkündeten Rechte und Freiheiten, ohne irgendeinen Unterschied, etwa nach Rasse, Hautfarbe, Geschlecht, Sprache, Religion, politischer oder sonstiger Anschauung, nationaler oder sozialer Herkunft, Vermögen, Geburt oder sonstigem Stand. Des weiteren darf kein Unterschied gemacht werden auf Grund der politischen, rechtlichen oder internationalen Stellung des Landes oder Gebietes, dem eine Person angehört, gleichgültig ob dieses unabhängig ist, unter Treuhandschaft steht, keine Selbstregierung besitzt oder sonst in seiner Souveränität eingeschränkt ist.

Artikel 3

Jeder hat das Recht auf Leben, Freiheit und Sicherheit der Person.

Artikel 4

Niemand darf in Sklaverei oder Leibeigenschaft gehalten werden; Sklaverei und Sklavenhandel in allen ihren Formen sind verboten.

Artikel 5

Niemand darf der Folter oder grausamer, unmenschlicher oder erniedrigender Behandlung oder Strafe unterworfen werden.

Artikel 6

Jeder hat das Recht, überall als rechtsfähig anerkannt zu werden.

Artikel 7

Alle Menschen sind vor dem Gesetz gleich und haben ohne Unterschied Anspruch auf gleichen Schutz durch das Gesetz. Alle haben Anspruch auf gleichen Schutz gegen jede Diskriminierung, die gegen diese Erklärung verstößt, und gegen jede Aufhetzung zu einer derartigen Diskriminierung.

Artikel 8

Jeder hat Anspruch auf einen wirksamen Rechtsbehelf bei den zuständigen innerstaatlichen Gerichten gegen Handlungen, durch die seine ihm nach der Verfassung oder nach dem Gesetz zustehenden Grundrechte verletzt werden.

Artikel 9

Niemand darf willkürlich festgenommen, in Haft gehalten oder des Landes verwiesen werden.

Artikel 10

Jeder hat bei der Feststellung seiner Rechte und Pflichten sowie bei einer gegen ihn erhobenen strafrechtlichen Beschuldigung in voller Gleichheit Anspruch auf ein gerechtes und öffentliches Verfahren vor einem unabhängigen und unparteiischen Gericht.

Artikel 11

1. Jeder, der einer strafbaren Handlung beschuldigt wird, hat das Recht, als unschuldig zu gelten, solange seine Schuld nicht in einem öffentlichen Verfahren, in dem er alle für seine Verteidigung notwendigen Garantien gehabt hat, gemäß dem Gesetz nachgewiesen ist.
2. Niemand darf wegen einer Handlung oder Unterlassung verurteilt werden, die zur Zeit ihrer Begehung nach innerstaatlichem oder internationalem Recht nicht strafbar war. Ebenso darf keine schwerere Strafe als die zum Zeitpunkt der Begehung der strafbaren Handlung angedrohte Strafe verhängt werden.

Artikel 12

Niemand darf willkürlichen Eingriffen in sein Privatleben, seine Familie, seine Wohnung und seinen Schriftverkehr oder Beeinträchtigungen seiner Ehre und seines Rufes ausgesetzt werden. Jeder hat Anspruch auf rechtlichen Schutz gegen solche Eingriffe oder Beeinträchtigungen.

Artikel 13

1. Jeder hat das Recht, sich innerhalb eines Staates frei zu bewegen und seinen Aufenthaltsort frei zu wählen.
2. Jeder hat das Recht, jedes Land, einschließlich seines eigenen, zu verlassen und in sein Land zurückzukehren.

Artikel 14

1. Jeder hat das Recht, in anderen Ländern vor Verfolgung Asyl zu suchen und zu genießen.
2. Dieses Recht kann nicht in Anspruch genommen werden im Falle einer Strafverfolgung, die tatsächlich auf Grund von Verbrechen nichtpolitischer Art oder auf Grund von Handlungen erfolgt, die gegen die Ziele und Grundsätze der Vereinten Nationen verstoßen.

Artikel 15

1. Jeder hat das Recht auf eine Staatsangehörigkeit.
2. Niemandem darf seine Staatsangehörigkeit willkürlich entzogen noch das Recht versagt werden, seine Staatsangehörigkeit zu wechseln.

Artikel 16

1. Heiratsfähige Männer und Frauen haben ohne jede Beschränkung auf Grund der Rasse, der Staatsangehörigkeit oder der Religion das Recht, zu heiraten und eine Familie zu gründen. Sie haben bei der Eheschließung, während der Ehe und bei deren Auflösung gleiche Rechte.
2. Eine Ehe darf nur bei freier und uneingeschränkter Willenseinigung der künftigen Ehegatten geschlossen werden. 3. Die Familie ist die natürliche Grundeinheit der Gesellschaft und hat Anspruch auf Schutz durch Gesellschaft und Staat.

Artikel 17

1. Jeder hat das Recht, sowohl allein als auch in Gemeinschaft mit anderen Eigentum innezuhaben.
2. Niemand darf willkürlich seines Eigentums beraubt werden.

Artikel 18

Jeder hat das Recht auf Gedanken-, Gewissens- und Religionsfreiheit; dieses Recht schließt die Freiheit ein, seine Religion oder seine Weltanschauung zu wechseln, sowie die Freiheit, seine Religion oder seine Weltanschauung allein oder in Gemeinschaft mit anderen, öffentlich oder privat durch Lehre, Ausübung, Gottesdienst und Kulthandlungen zu bekennen.

Artikel 19

Jeder hat das Recht auf Meinungsfreiheit und freie Meinungsäußerung; dieses Recht schließt die Freiheit ein, Meinungen ungehindert anzuhängen sowie über Medien jeder Art und ohne Rücksicht auf Grenzen Informationen und Gedankengut zu suchen, zu empfangen und zu verbreiten.

Artikel 20

1. Alle Menschen haben das Recht, sich friedlich zu versammeln und zu Vereinigungen zusammenzuschließen.
2. Niemand darf gezwungen werden, einer Vereinigung anzugehören.

Artikel 21

1. Jeder hat das Recht, an der Gestaltung der öffentlichen Angelegenheiten seines Landes unmittelbar oder durch frei gewählte Vertreter mitzuwirken.

2. Jeder hat das Recht auf gleichen Zugang zu öffentlichen Ämtern in seinem Lande.
3. Der Wille des Volkes bildet die Grundlage für die Autorität der öffentlichen Gewalt; dieser Wille muß durch regelmäßige, unverfälschte, allgemeine und gleiche Wahlen mit geheimer Stimmabgabe oder einem gleichwertigen freien Wahlverfahren zum Ausdruck kommen.

Artikel 22

Jeder hat als Mitglied der Gesellschaft das Recht auf soziale Sicherheit und Anspruch darauf, durch innerstaatliche Maßnahmen und internationale Zusammenarbeit sowie unter Berücksichtigung der Organisation und der Mittel jedes Staates in den Genuß der wirtschaftlichen, sozialen und kulturellen Rechte zu gelangen, die für seine Würde und die freie Entwicklung seiner Persönlichkeit unentbehrlich sind.

Artikel 23

1. Jeder hat das Recht auf Arbeit, auf freie Berufswahl, auf gerechte und befriedigende Arbeitsbedingungen sowie auf Schutz vor Arbeitslosigkeit.
2. Jeder, ohne Unterschied, hat das Recht auf gleichen Lohn für gleiche Arbeit.
3. Jeder, der arbeitet, hat das Recht auf gerechte und befriedigende Entlohnung, die ihm und seiner Familie eine der menschlichen Würde entsprechende Existenz sichert, gegebenenfalls ergänzt durch andere soziale Schutzmaßnahmen.
4. Jeder hat das Recht, zum Schutze seiner Interessen Gewerkschaften zu bilden und solchen beizutreten.

Artikel 24

Jeder hat das Recht auf Erholung und Freizeit und insbesondere auf eine vernünftige Begrenzung der Arbeitszeit und regelmäßigen bezahlten Urlaub.

Artikel 25

1. Jeder hat das Recht auf einen Lebensstandard, der seine und seiner Familie Gesundheit und Wohl gewährleistet, einschließlich Nahrung, Kleidung, Wohnung, ärztliche Versorgung und notwendige soziale Leistungen, sowie das Recht auf Sicherheit im Falle von Arbeitslosigkeit, Krankheit, Invalidität oder Verwitwung, im Alter sowie bei anderweitigem Verlust seiner Unterhaltsmittel durch unverschuldete Umstände.
2. Mütter und Kinder haben Anspruch auf besondere Fürsorge und Unterstützung. Alle Kinder, eheliche wie außereheliche, genießen den gleichen sozialen Schutz.

Artikel 26

1. Jeder hat das Recht auf Bildung. Die Bildung ist unentgeltlich, zum mindesten der Grundschulunterricht und die grundlegende Bildung. Der Grundschulunterricht ist obligatorisch. Fach- und Berufsschulunterricht müssen allgemein verfügbar gemacht werden, und der Hochschulunterricht muß allen gleichermaßen entsprechend ihren Fähigkeiten offenstehen.
2. Die Bildung muß auf die volle Entfaltung der menschlichen Persönlichkeit und auf die Stärkung der Achtung vor den Menschenrechten und Grundfreiheiten gerichtet sein. Sie muß zu Verständnis, Toleranz und Freundschaft zwischen allen Nationen und allen rassischen oder religiösen Gruppen beitragen und der Tätigkeit der Vereinten Nationen für die Wahrung des Friedens förderlich sein.

3. Die Eltern haben ein vorrangiges Recht, die Art der Bildung zu wählen, die ihren Kindern zuteil werden soll.

Artikel 27

1. Jeder hat das Recht, am kulturellen Leben der Gemeinschaft frei teilzunehmen, sich an den Künsten zu erfreuen und am wissenschaftlichen Fortschritt und dessen Errungenschaften teilzuhaben.
2. Jeder hat das Recht auf Schutz der geistigen und materiellen Interessen, die ihm als Urheber von Werken der Wissenschaft, Literatur oder Kunst erwachsen.

Artikel 28

Jeder hat Anspruch auf eine soziale und internationale Ordnung, in der die in dieser Erklärung verkündeten Rechte und Freiheiten voll verwirklicht werden können.

Artikel 29

1. Jeder hat Pflichten gegenüber der Gemeinschaft, in der allein die freie und volle Entfaltung seiner Persönlichkeit möglich ist.
2. Jeder ist bei der Ausübung seiner Rechte und Freiheiten nur den Beschränkungen unterworfen, die das Gesetz ausschließlich zu dem Zweck vorsieht, die Anerkennung und Achtung der Rechte und Freiheiten anderer zu sichern und den gerechten Anforderungen der Moral, der öffentlichen Ordnung und des allgemeinen Wohles in einer demokratischen Gesellschaft zu genügen.
3. Diese Rechte und Freiheiten dürfen in keinem Fall im Widerspruch zu den Zielen und Grundsätzen der Vereinten Nationen ausgeübt werden.

Artikel 30

Keine Bestimmung dieser Erklärung darf dahin ausgelegt werden, daß sie für einen Staat, eine Gruppe oder eine Person irgendein Recht begründet, eine Tätigkeit auszuüben oder eine Handlung zu begehen, welche die Beseitigung der in dieser Erklärung verkündeten Rechte und Freiheiten zum Ziel hat.

Allgemeine Erklärung der Menschenpflichten

InterAction Council, Allgemeine Erklärung der Menschenpflichten, 1997, Artikel 1 und 7 von 19 Artikeln. Siehe: www.interactioncouncil.org/sites/default/files/de_udhr%20ltr.pdf und: „Verantwortung, Die Allgemeine Erklärung der Menschenpflichten des InterAction Council in 40 Sprachen", Grupello Verlag 2017, Herausgeber Ausgabe deutscher Sprachraum: Norbert Thomassen, ISBN: 978-3-89978-279-0. Reihenherausgeber der Publikationen des Interaction Council: Dr. Thomas Axworthy, Copyright InterAction Council, www.interactioncouncil.org

Präambel

Da die Anerkennung der allen Mitgliedern der menschlichen Familie innewohnenden Würde und der gleichen und unveräußerlichen Rechte die Grundlage für Freiheit, Gerechtigkeit und Frieden in der Welt ist und Pflichten oder Verantwortlichkeiten einschließt,
da das exklusive Bestehen auf Rechten Konflikt, Spaltung und endlosen Streit zur Folge hat und die Vernachlässigung der Menschenpflichten zu Gesetzlosigkeit und Chaos führen kann,
da die Herrschaft des Rechts und die Förderung der Menschenrechte abhängt von der Bereitschaft von Männern wie Frauen, gerecht zu handeln,
da globale Probleme globale Lösungen verlangen, was nur erreicht werden kann durch von allen Kulturen und Gesellschaften beachtete Ideen, Werte und Normen,
da alle Menschen nach bestem Wissen und Vermögen eine Verantwortung haben, sowohl vor Ort als auch global eine bessere Gesellschaftsordnung zu fördern - ein Ziel, das mit Gesetzen, Vorschriften und Konventionen allein nicht erreicht werden kann,
da menschliche Bestrebungen für Fortschritt und Verbesserung nur verwirklicht werden können durch übereinstimmende Werte und Maßstäbe, die jederzeit für alle Menschen und Institutionen gelten,

deshalb verkündet
die Generalversammlung der Vereinten Nationen
diese Allgemeine Erklärung der Menschenpflichten. Sie soll ein gemeinsamer Maßstab sein für alle Völker und Nationen, mit dem Ziel, daß jedes Individuum und jede gesellschaftliche Einrichtung, dieser Erklärung stets eingedenk, zum Fortschritt der Gemeinschaften und zur Aufklärung all ihrer Mitglieder beitragen mögen. Wir, die Völker der Erde, erneuern und verstärken hiermit die schon durch Allgemeine Erklärung der Menschenrechte proklamierten Verpflichtungen: die volle Akzeptanz der Würde aller Menschen, ihrer unveräußerlichen Freiheit und Gleichheit und ihrer Solidarität untereinander. Bewußt sein und Akzeptanz dieser Pflichten sollen in der ganzen Welt gelehrt und gefördert werden.

Fundamentale Prinzipien für Humanität

Artikel 1

Jede Person, gleich welchen Geschlechts, welcher ethnischen Herkunft, welchen sozialen Status, welcher politischer Überzeugung, welcher Sprache, welchen Alters, welcher Nationalität oder Religion, hat die Pflicht, alle Menschen menschlich zu behandeln.

Artikel 2

Keine Person soll unmenschliches Verhalten, welcher Art auch immer, unterstützen, vielmehr haben alle Menschen die Pflicht, sich für die Würde und die Selbstachtung aller anderen Menschen einzusetzen.

Artikel 3

Keine Person, keine Gruppe oder Organisation, kein Staat, keine Armee oder Polizei steht jenseits von Gut und Böse; sie alle unterstehen moralischen Maßstäben. Jeder Mensch hat die Pflicht, unter allen Umständen Gutes zu fördern und Böses zu meiden.

Artikel 4

Alle Menschen, begabt mit Vernunft und Gewissen, müssen im Geist der Solidarität Verantwortung übernehmen gegenüber jedem und allen, Familien und Gemeinschaften, Rassen, Nationen und Religionen: Was du nicht willst, daß man dir tut, das füg' auch keinem anderen zu.

Gewaltlosigkeit und Achtung vor dem Leben

Artikel 5

Jede Person hat die Pflicht, Leben zu achten. Niemand hat das Recht, eine andere menschliche Person zu verletzen, zu foltern oder zu töten. Dies schließt das Recht auf gerechtfertigte Selbstverteidigung von Individuen und Gemeinschaften nicht aus.

Artikel 6

Streitigkeiten zwischen Staaten, Gruppen oder Individuen sollen ohne Gewalt ausgetragen werden. Keine Regierung darf Akte des Völkermords oder des Terrorismus tolerieren oder sich daran beteiligen, noch darf sie Frauen, Kinder oder irgendwelche andere zivile Personen als Mittel zur Kriegsführung mißbrauchen. Jeder Bürger und öffentlicher Verantwortungsträger hat die Pflicht, auf friedliche, gewaltfreie Weise zu handeln.

Artikel 7

Jede Person ist unendlich kostbar und muß unbedingt geschüzt werden. Schutz verlangen auch die Tiere und die natürliche Umwelt. Alle Menschen haben die Pflicht, Luft, Wasser und Boden um der gegenwärtigen Bewohner und der zukünftiger Generationen willen zu schützen.

Gerechtigkeit und Solidarität

Artikel 8

Jede Person hat die Pflicht, sich integer, ehrlich und fair zu verhalten. Keine Person oder Gruppe soll irgendeine andere Person oder Gruppe ihres Besitzes berauben oder ihn willkürlich wegnehmen.

Artikel 9

Alle Menschen, denen die notwendigen Mittel gegeben sind, haben die Pflicht, ernsthafte Anstrengungen zu unternehmen, um Armut, Unterernährung, Unwissenheit und Ungleichheit zu überwinden. Sie sollen überall auf der Welt eine nachhaltige Entwicklung fördern, um für alle Menschen Würde, Freiheit, Sicherheit und Gerechtigkeit zu gewährleisten.

Artikel 10

Alle Menschen haben die Pflicht, ihre Fähigkeiten durch Fleiß und Anstrengung zu entwickeln; sie sollen gleichen Zugang zu Ausbildung und sinnvoller Arbeit haben. Jeder soll den Bedürftigen, Benachteiligten, Behinderten und den Opfern von Diskriminierung Unterstützung zukommen lassen.

Artikel 11

Alles Eigentum und aller Reichtum muß in Übereinstimmung mit der Gerechtigkeit und zum Fortschritt der Menschheit verantwortungsvoll verwendet werden. Wirtschaftliche und politische Macht darf nicht als Mittel zur Herrschaft eingesetzt werden, sondern im Dienst wirtschaftlicher Gerechtigkeit und sozialer Ordnung.

Wahrhaftigkeit und Toleranz

Artikel 12

Jeder Mensch hat die Pflicht, wahrhaftig zu reden und zu handeln. Niemand, wie hoch oder mächtig auch immer, darf lügen. Das Recht auf Privatsphäre und auf persönliche oder berufliche Vertraulichkeit muß respektiert werden. Niemand ist verpflichtet, die volle Wahrheit jedem zu jeder Zeit zu sagen.

Artikel 13

Keine Politiker, Beamte, Wirtschaftsführer, Wissenschaftler, Schriftsteller oder Künstler sind von allgemeinen ethischen Maßstäbe entbunden, noch sind es Ärzte, Juristen und andere Berufe, die Klienten gegenüber besondere Pflichten haben. Berufsspezifische oder andersartige Ethikkodizes sollen den Vorrang allgemeiner Maßstäbe wie etwa Wahrhaftigkeit und Fairness widerspiegeln.

Artikel 14

Die Freiheit der Medien, die Öffentlichkeit zu informieren und gesellschaftliche Einrichtungen wie Regierungsmaßnahmen zu kritisieren - was für eine gerechte Gesellschaft wesentlich ist -, muß mit Verantwortung und Umsicht gebraucht werden. Die Freiheit der Medien bringt eine besondere Verantwortung für genaue und wahrheitsgemäße Berichterstattung mit sich. Sensationsberichte, welche die menschliche Person oder die Würde erniedrigen, müssen stets vermieden werden.

Artikel 15

Während Religionsfreiheit garantiert sein muß, haben die Repräsentanten der Religionen eine besondere Pflicht, Äußerungen von Vorurteilen und diskriminierende Handlungen gegenüber Andersgläubigen zu vermeiden. Sie sollen Haß, Fanatismus oder Glaubenskriege weder anstiften noch legitimieren, vielmehr sollen sie Toleranz und gegenseitige Achtung unter allen Menschen fördern.

Gegenseitige Achtung und Partnerschaft

Artikel 16

Alle Männer und alle Frauen haben die Pflicht, einander Achtung und Verständnis in ihrer Partnerschaft zu zeigen. Niemand soll eine andere Person sexueller Ausbeutung oder Abhängigkeit unterwerfen. Vielmehr sollen Geschlechtspartner die Verantwortung für die Sorge um das Wohlergehen des anderen wahrnehmen.

Artikel 17

Die Ehe erfordert - bei allen kulturellen und religiösen Verschiedenheiten - Liebe, Treue und Vergebung, und sie soll zum Ziel haben, Sicherheit und gegenseitige Unterstützung zu garantieren.

Artikel 18

Vernünftige Familienplanung ist die Verantwortung eines jeden Paares. Die Beziehung zwischen Eltern und Kindern soll gegenseitige Liebe, Achtung, Wertschätzung und Sorge widerspiegeln. Weder Eltern noch andere Erwachsene sollen Kinder ausbeuten, mißbrauchen oder mißhandeln.

Schluß

Artikel 19

Keine Bestimmung dieser Erklärung darf so ausgelegt werden, daß sich daraus für den Staat, eine Gruppe oder eine Person irgendein Recht ergibt, eine Tätigkeit auszuüben oder eine Handlung vorzunehmen, welche auf die Vernichtung der in dieser Erklärung und der Allgemeinen Erklärung der Menschenrechte von 1948 angeführten Pflichten, Rechte und Freiheiten abzielen.

«Ich habe gegen die weiße Vorherrschaft gekämpft, und ich habe gegen die schwarze Vorherrschaft gekämpft. Mein teuerstes Ideal ist eine freie und demokratische Gesellschaft, in der alle in Harmonie, mit gleichen Chancen leben können. Ich hoffe, lange genug zu leben, um dies zu erreichen. Doch, wenn es notwendig ist, ist dies ein Ideal, für das ich zu sterben bereit bin.»

«Niemand wird mit dem Hass auf andere Menschen wegen ihrer Hautfarbe, ethnischen Herkunft oder Religion geboren. Hass wird gelernt. Und wenn man Hass lernen kann, kann man auch lernen zu lieben. Denn Liebe ist ein viel natürlicheres Empfinden im Herzen eines Menschen als ihr Gegenteil.»

Nelson Mandela

«Gott hat den Menschen, indem er ihn mit Intelligenz ausstattete und ihm den freien Willen ließ, unbestreitbar mit jener großen und heiligen Mission beauftragt, sich ständig zu verbessern und Licht in die Dunkelheit zu bringen, damit dieser zu dem einzigen Punkt gelangt, an dem die Nationen ein Bewusstsein von ihrer Größe bekommen: zu Freiheit und Aufklärung.»

Alexandre Dumas d. Ä.
(Schriftsteller)

IX Danksagung

Von Herzen Dank sagen möchte ich allen MENSCHEN für ihre Anregungen, die mich zu diesem Buch inspiriert und darin bestärkt haben, es zu schreiben, insbesondere: meiner Mutter Marika, meiner Frau Veronika, meinen Kindern Lisa, Clea, Lukas und Noah, dem Freund und Künstler Wladyslaw Szyszko für das Titelbild, meinen langjährigen Freundinnen und Freunden Jan, Christian, Falko, Eberhard, Peter, Alexandar, Ali, Guido, Roland, Jürgen, Harry, Steffen, Tobias, Günter, Wolfgang, David, Manfred, Theresia, Michael, Bettina, Gregor, Katharina und Uwe. Bastian Salier, der den Weg zur Veröffentlichung mit mir gegangen ist, allen Teilnehmer*innen und Schwestern*Brüdern des freimaurerischen Zukunftsgesprächs im Jahr 2018 in Leipzig für ihre Inspiration sowie allen Brüdern meiner guten, gerechten und vollkommenen Loge «Insel zu den drei Ufern» für den fruchtbaren Diskurs.

Sylvio J. Godon, im April 2021

Über das Buch

Die ALTEN PFLICHTEN haben nun schon mehrere Jahrhunderte das Selbstverständnis der Freimaurerei geprägt. Das bedeutet aber nicht, dass sie genügend gute Antworten auf die aktuellen Problemstellungen der Erde und der Menschheit geben.

Wer nach einem prägnanten Text sucht, der den Geist der ALTEN PFLICHTEN beherzigt und ihn mit den NEUEN PFLICHTEN der Lebenswirklichkeit der Menschen im 21. Jahrhundert anpasst, der wird in diesem Buch fündig! Das Lesen des Buches wird zu ungewohnten Gedanken anregen über das Wesentliche im und das Verbindende zwischen Menschen.

F. W.

Über den Autor

Bruder Sylvio J. Godon, Redakteur, Slawist und Germanist, im 36. Jahr in der Großloge der Alten Freien und Angenommenen Maurer von Deutschland (A.F.u.A.M.), im 32. Jahr im Alten und Angenommenen Schottischen Ritus (A.A.S.R.), wurde als Tübinger Student in der Loge «Johannes zum wiedererbauten Tempel» in Ludwigsburg zum Freimaurer aufgenommen. Er ist Altstuhlmeister der Lindauer Loge «Insel zu den drei Ufern» und hat unter anderem viele Jahre lang die Perfektionsloge «Jan Amos Comenius» des A.A.S.R in Konstanz geleitet. Bald 300 Jahre nach den ALTEN PFLICHTEN hält er die Zeit für die NEUEN PFLICHTEN für gekommen, die er hiermit vorlegt.